Wiebke Gericke

babySignal –

Mit den Händen sprechen

Wiebke Gericke

babySignal – Mit den Händen sprechen

Spielerisch kommunizieren mit den Kleinsten

KÖSEL

Alle Gebärden, die in diesem Buch vorgestellt werden, entstammen der Deutschen Gebärdensprache. Die Richtigkeit der Gebärden wurde vom *Institut für Deutsche Gebärdensprache* in Hamburg bestätigt.

MIX
Papier | Fördert gute Waldnutzung
FSC® C147178
FSC www.fsc.org

Penguin Random House Verlagsgruppe FSC® N001967

15. Auflage 2025

in der Penguin Random House Verlagsgruppe GmbH, Neumarkter Str. 28, 81673 München
produktsicherheit@penguinrandomhouse.de
Illustrationen im Innenteil: Monica May, München
Fotos im Innenteil und Umschlagmotiv: Knut Gärtner, Hamburg
Umschlag: Weiss Werkstatt München
Innenlayout: Armin Köhler, Vaterstetten
Druck und Bindung: Pixartprinting, Lavis
Printed in Italy
ISBN 978-3-466-31124-8
www.koesel.de

Dieses Buch widme ich meiner Tochter Clara,
allen Eltern, Großeltern, pädagogischen Fachkräften und
babySignal-Kursleiterinnen, die mit mir die Freude und
Begeisterung für Gebärden teilen.

Inhalt

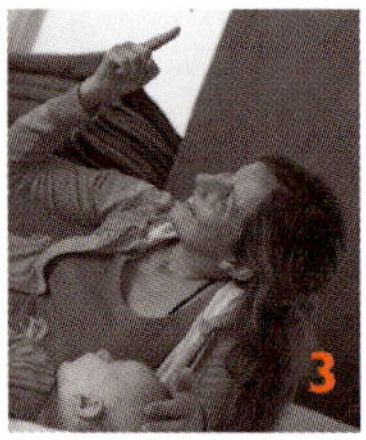

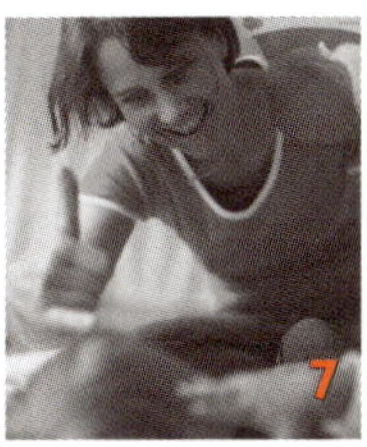

Vorwort

Hörende Kinder von gehörlosen Eltern nutzen ganz selbstverständlich Gebärden zur Kommunikation, weil es für sie notwendig ist. Durch meine langjährige Tätigkeit in der sprachlichen Frühförderung mit diesen hörenden Kindern gehörloser Eltern konnte ich beobachten, wie und auch welche Gebärden schon die sehr frühe Kommunikation bereichern können, und war überzeugt davon, dass sich dies auch unabhängig vom Hörstatus ganz allgemein auf die Verständigung zwischen Eltern und Kind übertragen ließe. Aus dieser Arbeit heraus, mit hörenden Kinder gehörloser Eltern, die unter dem Namen *SprachSignal* in Hamburg angeboten wird, entstand darauf aufbauend im Jahre 2005 das Konzept *babySignal* für hörende Eltern mit hörenden Kindern. Seitdem habe ich als *babySignal*-Kursleiterin bereits viele hundert Eltern mit Gebärden für Babys vertraut gemacht. Parallel dazu durfte ich mit meiner Tochter, die im Jahre 2006 geboren wurde, viele eigene Erfahrungen mit Gebärden im Alltag mit einem Baby sammeln. Diese persönlichen Erfahrungen haben die Entstehung dieses Buches stark mitgeprägt. Schon früh, während der ersten Lebensmonate, zeigten wir unserer Tochter immer wieder regelmäßig ein paar Gebärden. Mit acht Monaten begann sie dann selbst damit, die ersten Zeichen zu zeigen. Mit vierzehn Monaten war ihr »Gebärdenschatz« am größten. Gerne erinnere ich mich an die Situationen, in denen wir als Eltern aus dem Staunen gar nicht mehr herauskamen. Ich kann mir deshalb gar nicht mehr vorstellen, auf Gebärden in der Kommunikation mit Babys zu verzichten. Genau das habe ich von anderen Eltern in den vergangenen Jahren oft gehört.

babySignal entstand aus der Praxis heraus, durch das Kennenlernen hörender Kinder von gehörlosen Eltern.

Gebärden mit Babys können eine sehr große Bereicherung sein. Bei uns zu Hause sind sie leider schon wieder »überflüssig« geworden, da unsere Tochter nun im Alter von zwei Jahren und vier Monaten in vollen Sätzen sprechen kann. Doch in einigen Momenten sehe ich auch heute noch die Nützlichkeit der Gebärden. Sie helfen meiner Tochter, mich besser zu verstehen, wenn ich ihr etwas besonders Wichtiges sagen möchte. Sie wirken wie eine Verstärkung meiner gesprochenen Worte. Beispielsweise im Straßenverkehr mit der Gebärde STOPP (siehe S. 95) oder auch bei der Bezeichnung von Worten für Gefühle. Natürlich helfen sie auch in Situationen, in denen wir unserer Tochter ein Ende ankündigen möchten. Die Ansage »EINMAL noch und dann ist SCHLUSS!« (siehe S. 98) klappt immer (noch).

Um Ihnen den Einstieg in das Thema Gebärden mit Babys so leicht wie möglich zu machen, werde ich Sie zunächst mit der grundlegenden Idee vertraut machen. Im Anschluss daran finden Sie in diesem Buch **vier Praxisteile** mit einer Fülle von **Gebärden** für den Alltag mit Ihrem Kind. Die Worte, die Sie beim Sprechen mit einer Gebärde verstärken, erkennen Sie jeweils an der Schreibweise mit Großbuchstaben. In jedem dieser vier Praxisteile finden Sie konkrete Hinweise, Tipps und Ideen zu folgenden Themen:

In diesem Buch finden Sie 125 Gebärden für den Alltag mit Baby und Kleinkind.

- Kindliche Aufmerksamkeit und Entwicklungsschritte
- Auswahl der wichtigsten Gebärden für Babys und Kleinkinder von 3 bis 24 Monaten
- Tipps zur Sprachförderung
- Spielideen mit Gebärden

Die Zeichnungen und dazugehörigen Beschreibungen helfen Ihnen, die Gebärde zu verstehen und nachzumachen. Sie können direkt in jedes Kapitel einsteigen – je nachdem, für welches Alter Sie sich gerade besonders interessieren. Bitte betrachten Sie die Altersangaben nur als grobe Orientierung, denn jeder Praxisteil bietet nützliche Gebärden und Anregungen für alle Altersgruppen. Zum Thema ***Grenzensetzen mit Gebärden*** finden Sie einen Abschnitt ab Seite 94. Das Thema ***Gebärden und Bilderbücher*** finden Sie in einem eigenständigen Kapitel ab Seite 119.

1 Gebärden mit Babys

In der Sonderpädagogik werden Gebärden schon lange in die Arbeit mit Kindern integriert.

Dieses Buch ist für Eltern gedacht, die mit ihren Babys und kleinen Kindern gerne von Gebärden, auch »Babyzeichen« genannt, profitieren möchten. Ebenfalls möchte ich Großeltern, Tagesmütter und -väter sowie pädagogische Fachkräfte in Krippe und Kita inspirieren, in der frühen alltäglichen Kommunikation mit Kindern Gebärden zu nutzen. Auch Eltern von hörgeschädigten Kindern, die mit einem *Cochlear Implantat* (Innenohr-Prothese) versorgt sind, können Gebärden auf dem Weg zum Sprechenlernen des Kindes helfen. Mit Gebärden für Babys sind einzelne Gebärden aus der Deutschen Gebärdensprache gemeint und keine erfundenen oder zufälligen Handbewegungen, die man unbewusst beim Sprechen gestikuliert. Gebärden für Babys sind einfach zu lernen – sowohl für die Erwachsenen als auch für die Kinder. Bereits Babys ab zirka dem achten Lebensmonat können über konkrete Gebärden ihre eigenen Bedürfnisse und Gedanken mitteilen, und zwar in einer Phase, in der Sprechen noch nicht möglich ist, oder in der das Sprechen beginnt, und in der das eigene Mitteilungsbedürfnis größer ist als die Sprechfähigkeit.
Dadurch, dass Sie Ihrem Kind immer wieder neue Gebärden zeigen, erweitert Ihr Kind seine Möglichkeiten, sich mitzuteilen. Sie können mehr darüber erfahren, was Ihr Kind konkret sieht, denkt oder möchte.

MICHAELA: »Bela (17 Monate) und ich fuhren mit der S-Bahn. Bela turnte auf der Sitzbank umher und brabbelte. Er sprach noch sehr undeutlich, ich konnte ihn kaum verstehen. Plötzlich wurde er still. Ich schaute ihn an und versuchte herauszufinden, wer oder was seine Aufmerksamkeit so gefangen hatte. Weit und breit war kein Hund, kein Kind oder Baby zu sehen. Dann gebärdete Bela SCHLAFEN und deutete hinter mich. Ich drehte mich um und sah eine junge Frau, die ihren Kopf mit geschlossenen Augen zur Seite gelegt hatte. Ja, sagte ich, die Frau schläft.«

Viele Eltern, die Gebärden für Babys über einen *babySignal*-Kurs gelernt haben, berichten von ähnlichen Situationen wie dieser. Ich möchte Ihnen in jedem Kapitel dieses Buches viele dieser individuellen Geschichten weitererzählen. Und natürlich möchte ich Sie mit diesem Buch mit meiner Begeisterung anstecken, sodass Sie Lust bekommen, selber auch Gebärden in der Kommunikation mit Ihrem Kind zu nutzen. Eine einzige Frage sollten Sie sich vorab jedoch grundsätzlich stellen: Haben Sie selber Spaß und Freude daran, Ihre Hände zu bewegen, um mit den Händen zu sprechen? Probieren Sie es einfach aus und zeigen Sie Ihrem Kind, wie beispielsweise der Hund oder der Hase konkret mit den Händen gezeigt (gebärdet) werden kann (siehe auch Illustrationen auf S. 66, 67). Je nach Entwicklungsstand des Kindes und je nachdem, wie »jung« (6 Monate) oder »alt« (24 Monate) Ihr Kind ist: Wenn Sie mit Gebärden beginnen, müssen Sie unterschiedlich lange warten, bis Ihr Kind selbst anfangen wird, zu gebärden. Das Wichtigste ist jedoch, dass Sie als Eltern kein »Lernprogramm« aus den Gebärden machen, denn so ist es nicht gemeint. Sehen Sie es als Bereicherung für sich und Ihr Kind, als spielerische Erweiterung Ihrer Möglichkeiten in der gemeinsamen Kommunikation.

Gebärden mit Babys – brauchen wir das?

FLORIAN MIT TOM (15 Monate): »Warum *babySignal* ein sinnvolles Angebot ist? Ich denke, der größte Gewinn für Eltern und Kinder ist es, dass die Kinder tatsächlich schon selber ›sagen‹, was sie brauchen oder was sie sehen, bevor sie richtig sprechen können. Tom ›sagt‹ es mit seinen kleinen Händen. Oft denke ich daran, dass es ähnlich ist, wie wir Erwachsene uns im Ausland helfen, wenn wir uns nicht verständlich mitteilen können. Dann ›sprechen‹ wir ja auch mit ›Händen und Füßen‹. Wenn Babys gebärden, erleichtert es Eltern also, ihr Kind zu verstehen. Für mich ist das der große Vorteil.«

Bevor ich in diesem Buch auf Ihre Fragen zum Thema Gebärden mit Babys hoffentlich viele Antworten finden werde, lassen Sie mich ein paar kritische Stimmen (vielleicht sind es auch nur Missverständnisse?) um das Thema Gebärden mit Babys, was in Deutschland auch unter der Bezeichnung »Babyzeichensprache« bekannt ist, aus dem Weg räumen. Zunächst einmal geht es nicht um eine neue Sprache, die für Babys erfunden wurde. Es handelt sich vielmehr um einige ausgewählte Gebärden aus der Gebärdensprache, die parallel zum Sprechen gezeigt werden. Des Weiteren möchte ich betonen, dass die intuitiven Fähigkeiten von Eltern, ihr Kind auch ohne Worte zu verstehen, durch das Konzept der Gebärden für Babys nicht in Frage gestellt werden. Selbstverständlich kann man sein Kind auch ohne Gebärden prima verstehen. Manchmal vermuten Eltern aber, dass es sich bei *babySignal* oder der Babyzeichensprache darum handelt, frühkindliche Zeichen, Gesten und Signale des

Kinder gewinnen eine weitere Möglichkeit, sich sprachlich mitzuteilen, wenn man ihnen Gebärden an die Hand gibt.

Babys erklärt zu bekommen, um sie anschließend besser verstehen zu können. So fasst sich ein Kind vielleicht an die Ohren oder reibt sich die Augen, um zu signalisieren, dass es müde ist. Doch darum geht es nicht. Es geht darum, dass Kinder, wenn sie auf dem Weg sind, das Sprechen zu lernen, eine Möglichkeit bekommen, sich über Gebärden leichter mitteilen zu können. Denn für Babys ist es eine natürliche Sache, sich mit Handbewegungen zu verständigen. Da fällt es nicht so schwer, ein paar Gebärden zu probieren.

Eine ablehnende Haltung den Gebärden für Babys gegenüber beruht eventuell auch darin, dass Anbietern von Kursen für Babyzeichensprache ein frühes Lernprogramm angedichtet wird, welches nicht die natürliche Entwicklung des Kindes unterstütze, sondern ein aufgezwungenes Übungsprogramm für die Babys darstelle. Doch Sie können ganz sicher sein: Als Übungsprogramm für Babys wurde *babySignal* nicht konzipiert.

Gebärden und Gesten – wo liegt der Unterschied?

Von Natur aus teilen sich insbesondere Kinder, aber auch Erwachsene über Gesten mit. Ein Baby hebt beispielsweise beide Arme, weil es auf den Arm genommen werden möchte. Ein Erwachsener hingegen tut dies vielleicht in einer abwiegelnden Situation und will damit sagen: »Ach vergiss es, war nicht so schlimm.« Mit Gesten sind Bewegungen von Händen und Armen gemeint, die nicht festgeschrieben sind wie Worte und daher auch häufig nur im direkten Zusammenhang einer Situation zu verstehen sind. Erwachsene führen Gesten häufig unbewusst während des Sprechens aus. In den verschiedenen Kulturen dieser Welt haben dieselben Gesten häufig jedoch verschiedene Bedeutungen. Natürlich können Eltern oder Kinder auch eigene Gesten frei erfinden und sich darauf einigen, was eine bestimmte Handbewegung zu bedeuten hat.

Im Vergleich zu Gesten kommen Gebärden in Deutschland aus der Deutschen Gebärdensprache (DGS). Gebärden sind festgelegte Handbewegungen, wie Vokabeln einer Sprache. Spricht man Deutsch, nennt man eine Fläche auf vier Beinen »Tisch« und eine Sitzgelegenheit daneben »Stuhl«. Die Gebärden für TISCH und STUHL sind in der Deutschen Gebärdensprache klar definiert, so wie Worte. Wie schon erwähnt, wurden Gebärden, die Ihnen in diesem Buch vorgestellt werden, der Deutschen Gebärdensprache entnommen. 125 Gebärden decken thematisch die Bereiche ab, die im Alltag mit Babys und Kleinkindern von Bedeutung sein können. Auch einige bekannte Handbewegungen sind dabei, die eher allgemeinen gestischen Charakter haben, wie KOMM, LECKER, HALLO und TSCHÜSS.

Gebärden mit Babys – hemmen sie die normale Sprachentwicklung?

Gebärdensprache ist Bewegung – Bewegung beflügelt die Entwicklung.

Für die Sprachentwicklung Ihres Kindes brauchen Eltern im Grunde nichts zu tun, schon gar nicht – wie in diesem Buch thematisiert wird – Gebärden zu lernen. Die Kraft des Kindes, sich die Sprache seiner Umgebung anzueignen, bringt es von Geburt an mit. Kinder lernen sprechen sozusagen unbewusst und nebenbei. Dennoch hat das Umfeld des Kindes entscheidenden Einfluss auf seine (Sprach-)Entwicklung. Es gibt große Unterschiede darin, wie hilfreich (das Kind ansprechen und einbeziehen) oder wie hemmend (das Kind übergehen) die Umgebung auf den Spracherwerb des Kindes einwirkt. Wichtig ist, dass alles spielerisch geschieht, oder anders gesagt: Mit Babys zu gebärden, wirkt positiv auf die Babys, solange nicht die Erwartung an das Baby gestellt wird, dass es zu einem bestimmten Zeitpunkt eine bestimmte Gebärde selber zeigen muss.

Wir können in Deutschland schon auf viele Erfahrungen von Eltern zurückgreifen, die mit ihren Babys und Kleinkindern beim Sprechen zusätzlich mit Gebärden kommunizieren. Allerdings fehlen noch immer umfangreiche deutsche Forschungsergebnisse zu diesem Thema.
In einer US-amerikanischen Studie (Anthony, M., Lindert, R. & Anderson, D. – siehe Literatur) wurde der Einfluss von Gebärden auf die Sprachentwicklung hörender Kinder von hörenden Eltern im Alter von zwölf bis sechzehn Monaten bereits untersucht. Diese Studie umfasste eine Stichprobe von (nur) 67 Kindern, die über acht Wochen hinweg Gebärden gezeigt bekamen. Man fand heraus, dass Kinder im Alter von zwölf bis vierzehn Monaten die Möglichkeit bevorzugten, Gebärden in der Kommunikation zu nutzen. Im Alter

von sechzehn Monaten wurden Worte und Gebärden gleichviel gewählt, um sich mitzuteilen. Insgesamt haben Gebärden, die von den meisten Kindern zunächst bevorzugt wurden, in keiner Weise die Entwicklung der Sprache und des sich aufbauenden aktiven Wortschatzes gehemmt.
Allgemein lässt sich sagen, dass es egal ist, in welchem Kanal Sprache angeboten wird – ob auditiv über das Hören oder räumlich über das Sehen: In jedem Fall werden bei der Verarbeitung von Gebärden die klassischen Sprachzentren aktiviert.

Sprechen mit Babys – wie lernen Kinder Sprache?

Kinder, die es gewohnt sind, dass man mit ihnen spricht und ihnen zuhört, wachsen voller Selbstvertrauen auf.

Viele Eltern, die sich für Gebärden mit Babys interessieren, sind auch neugierig darauf, mehr über die sprachliche Entwicklung von Kindern zu erfahren. Wann lernen Kinder, die ersten Worte zu sprechen? Was können Eltern tun, um ihr Kind beim Sprechenlernen zu unterstützen? Zu diesen Fragen finden Sie nach jedem der vier Praxisteile, in denen Sie mit den Gebärden vertraut gemacht werden, ein Stück Hintergrundwissen. Nur so viel vorab: Die Sprachentwicklung beginnt, lange bevor Babys anfangen, ihre ersten Worte zu sprechen. Von Geburt an erleben Erwachsene, wie Babys sich mitteilen: über Blicke, Stimme (Töne, Schreie) und – Gesten. Auch Erwachsene kommunizieren intuitiv mit Babys: über Blickkontakt, Körperkontakt und auch mit ihrer Stimme, meist sehr melodisch und ausdrucksvoll. Für Eltern beginnt direkt nach der Geburt die große Aufgabe, die Botschaften und Signale ihres kleinen Babys zu verstehen. Was braucht es? Was will es sagen? Noch ist es kaum vorstellbar, dass dieses kleine Wesen in nur wenigen Jahren seine Muttersprache (oder mehrere Muttersprachen) vollständig erlernen wird.

Gebärden mit mehrsprachig aufwachsenden Kindern – ein Vorteil?

Die frühe Mehrsprachigkeit von Kindern gehört zunehmend zur Normalität in unserer Gesellschaft. Jene Kinder, so Sprachwissenschaftlerin Gisela Szagun, mögen zwar vorübergehend etwas langsamer im Spracherwerb sein und auch die Sprachen gelegentlich vermengen. Aber das geht vorbei. Sie sind sehr gut in der Lage, die Sprachen zu trennen und jede zu beherrschen (2007, S. 212).
Für zwei- oder mehrsprachig aufwachsende Kinder können Gebärden sogar eine besondere visuelle Verbindung zwischen den Sprachen sein. Man stelle sich vor: Ein zweisprachiges Kind lernt durch die Mutter Französisch, der Vater spricht Deutsch. Beide zeigen ihrem Kind die gemeinsam ausgewählten Gebärden, die Ihnen in diesem Buch vorgestellt werden, und sprechen dazu in ihrer jeweiligen Muttersprache. Das Kind bekommt also beispielsweise das Wort »Vogel« auf Deutsch und »oiseau« auf Französisch zu hören. Dazu sieht es die Bewegung der Gebärde VOGEL (siehe S. 67), die bei beiden unterschiedlichen Wörtern jedoch von den Eltern identisch gezeigt wird. Es ist, als ob Mutter und Vater sich auf eine gemeinsame nonverbale Sprache geeinigt hätten, die zu beiden gesprochenen Sprachen passt. Beide strecken ihre Arme seitwärts und schwingen sie auf und ab.
Die inhaltliche Bedeutung des Wortes und die Zusammengehörigkeit der französischen und deutschen Variante von »Vogel« können den passiven und aktiven Wortschatz bei zweisprachigen Kindern in meinen Augen durchaus positiv unterstützen. Doch wie erleben es Eltern, die ihre Kinder zweisprachig erziehen?

MAIKE MIT MADITA (22 Monate): »Wir haben es ganz klar als Bereicherung empfunden, dass Madita durch die Gebärden in zwei Sprachen mit uns beiden gleichermaßen kommunizieren konnte. Sie hat unabhängig von der jeweiligen Sprache dieselbe Gebärde benutzt. Deutlich wurde es beim Angucken derselben Bücher, entweder mit deutschen Erklärungen von Mama oder englischen Erklärungen von Papa. Die Gebärden haben die Brücke geschlagen zwischen den beiden Sprachen. Wir sind uns sicher, dass ihr das im ›Sprachgewirr‹ geholfen hat. Zum einen dadurch, dass der anderssprachige Elternteil nicht zweitrangig wurde und zum anderen, dass es den Frustrationslevel des Nichtverstandenwerdens gering gehalten hat. Grundsätzlich hatten wir den Eindruck, dass Madita sich viel früher als andere Kinder mitteilen konnte.«

SOLVEIG MIT JANNES (20 Monate): »Jannes wächst zweisprachig auf. Ich wollte ihm möglichst viele Mittel an die Hand geben, sodass er sich sprachlich ausdrücken kann. Er hat dann tatsächlich recht spät angefangen zu sprechen. In dieser ganzen Zeit haben uns die Gebärden sehr gut geholfen. Er konnte seine Wünsche äußern, ohne dass er jedes Mal einen Wutanfall bekommen musste, weil ich ihn nicht verstanden habe. Wutanfälle hat er zwar immer noch, aber durch die Gebärden sind es eindeutig weniger geworden.«

Die Ursprünge der Idee »babysigning«

Bereits in den 1980er-Jahren fanden Susan Goodwyn und Dr. Linda Acredolo in den USA heraus (siehe Kasten), dass sogar selbst erfundene Gesten für Babys eine sinnvolle, hilfreiche Ergänzung beim Sprechenlernen sein können. Sie beobachteten außerdem, dass die Kommunikation zwischen Eltern und Kind verbessert und das Selbstbewusstsein von Kindern gestärkt wurden. Zu diesem Zeitpunkt verwendeten die Eltern noch viele selbst ausgedachte Zeichen wie das Öffnen und Schließen des Mundes, um das »blubb-blubb« eines Fisches nachzuahmen. Die Forscherinnen waren sich sicher, dass Eltern, die Gesten oder auch Gebärden mit ihren Kindern verwenden, den Prozess des Spracherwerbs unterstützen und nichts falsch machen können (*Baby-Sprache*, 2001).

In den 1990er-Jahren brachte Dr. Joseph Garcia mit seinem Buch *Sign with your Baby* den heutigen »Klassiker« zum Thema »babysigning« heraus. Garcia arbeitete ursprünglich als Gebärdensprach-Dolmetscher für Gehörlose. Er beobachtete zunächst nebenbei, wie hörende Kinder von gehörlosen Eltern gleichaltrigen Kindern, die nicht mit Gebärden aufwuchsen, einen deutlichen »Sprach«-Schritt voraus waren. Bereits fünf bis sechs Monate, bevor hörende Kinder von gehörlosen Eltern zu sprechen begannen, kommunizierten sie über einzelne Gebärden mit ihren Eltern. Garcia entwickelte dann im Laufe der Zeit auch für hörende Eltern und ihre hörenden Kinder ein Kurskonzept,

Baby-Sprache

Dr. Linda Acredolo und Susan Goodwyn untersuchten in den 1980er-Jahren in einer groß angelegten Studie über zwei Jahre hinweg 140 Familien mit elf Monate alten Babys. Nur ein Teil dieser Gruppe wurde ermuntert, Gebärden zu verwenden. Die Ergebnisse dieser Gruppe waren im Vergleich zu den anderen Kindern erstaunlich eindeutig: Es konnten in jeder Hinsicht viele positive Auswirkungen beobachtet werden. So verstanden die Kinder mehr Wörter, verfügten über einen größeren aktiven Wortschatz beim Sprechen und spielten anspruchsvollere Spiele. Die Eltern berichteten ebenfalls sehr positiv von ihren Erfahrungen: Es sei eine bessere Verständigung mit ihrem Kind möglich und es käme daher zu weniger frustrierenden Situationen des Nichtverstehens und Wutanfällen des Kindes im täglichen Miteinander. Neben einer stärkeren Eltern-Kind-Bindung und einem größeren Selbstbewusstsein des Kindes wurde zur Überraschung der Forscherinnen auch berichtet, die Kinder hätten ein sehr großes Interesse an Büchern entwickelt.

welches unter dem Namen »sign2me« bekannt wurde. Ausgedachte Zeichen wurden nun nicht mehr vermittelt. Es wurden dieselben Gebärden aus der amerikanischen Gebärdensprache genutzt, die auch gehörlose Eltern mit ihren hörenden Babys verwendeten. Durch Garcias Engagement und seine Forschungsarbeiten verbreiteten sich in den 1990er-Jahren unter jungen Eltern in den USA die »babysigns« rasant.

Besonders bedeutend für das Konzept von *babySignal* sind die bereits auf S. 17 genannten Forschungen zweier Psychologinnen: Dr. Michelle Anthony beschäftigte sich seit den 1990er-Jahren zunächst im Rahmen ihrer Doktorarbeit mit den Fragen, wie die amerikanische Gebärdensprache den Spracherwerb, das Denken und den Erwerb der Schriftsprache bei hörenden Kindern beeinflusst. Dr. Reyna Lindert untersuchte, wie Gebärden die Beziehung zwischen Eltern und Kind in der frühen Phase der Kommunikation verän-

signing smart

In ihrer ersten Studie untersuchten Dr. Michelle Anthony und Dr. Reyna Lindert über zweihundert Familien, deren Kindern im Alter von sechs bis neunzehn Monaten über einen Zeitraum von mindestens acht Wochen Gebärden anhand der Methode »signing smart« nähergebracht wurden. Über einen anschließenden Zeitraum von neun Monaten wurden die Kinder in ihrer Entwicklung, in ihrem Spracherwerb und ihren kommunikativen Fähigkeiten beobachtet und mit den durchschnittlichen Werten von Kindern verglichen, die nicht mit Gebärden in Kontakt kamen. Die Ergebnisse der Forschungen ergaben im Vergleich, dass die Babys bereits im Alter von acht Monaten im Durchschnitt 5 Gebärden zeigen und schon ein Wort sprechen konnten. Kinder im Alter von zwölf Monaten, die im Durchschnitt 3 – 5 Wörter sprechen, konnten bereits 25 Gebärden zeigen und 16 Wörter sprechen. Kinder im Alter von achtzehn Monaten, die im Durchschnitt zwischen 10 – 50 Wörter sprechen können, zeigten 79 Gebärden und sprachen 105 Wörter. Ebenfalls wurde bemerkt, dass die Kinder, die an der Studie teilnahmen, sehr viel früher begonnen hatten, die ersten Zwei-Wort-Sätze zu äußern.
Zusammenfassend, so Anthony und Lindert, fördere die Methode »signing smart« nicht nur die allgemeinen kommunikativen Fähigkeiten von Kindern, sondern auch das Sprechen.

dern. Gemeinsam beschäftigten sie sich ausführlich damit, wie Babys Gebärden lernen können, und entwickelten ihre Methode, die unter dem Namen »signing smart« bekannt ist. Ebenfalls untersuchten sie, für welche Gebärden sich Babys besonders interessieren. Sie betonen jedoch im Gegensatz zu Dr. Joseph Garcia, dass Eltern nicht jedes Mal ein gesagtes Wort zusammen mit der Gebärde zeigen müssen, damit es klappt. Vielmehr sei die aufeinander oder auf die Gebärde gerichtete Aufmerksamkeit des Kindes von großer Bedeutung.

Wenngleich es nachträglich kritische Stimmen zu diesen Forschungsergebnissen gegeben hat, da Anthony und Lindert selbst als Anbieter eines baby-signing-Kursprogramms aktiv gewesen waren, sind doch viele kreative Ideen und Schlüsselgedanken der beiden Forscherinnen zur Zeit der Gründung von babySignal 2005 in mein Konzept mit eingeflossen.

Die Idee kommt nach Deutschland – Erfahrungsbericht einer Mutter

Michaela, Mutter von Bela, berichtet davon, wie sie von der neuen Idee hörte, mit Babys zu gebärden: »Mein Sohn war vier Monate alt, als ich die Ankündigung von *babySignal* las und darüber, dass es einen regelmäßigen Kurs gäbe, in dem man Zeichensprache lernt, mit der auch Babys schon früh kommunizieren könnten. Ich dachte: ›Oh je, noch ein Kurs, den ich als Mutter besuchen muss.‹ Die Vorstellung, Bela könnte in einem solchen Kurs lernen, sich mit Handzeichen zu äußern, reizte mich zwar, aber ich fragte mich schon: Braucht ein Baby so einen Kurs, um sprechen zu lernen? Ich entschied mich zunächst dagegen, denn ich war schon froh, wenn ich es zu unserer Krabbelgruppe einmal in der Woche pünktlich schaffte. Ein halbes Jahr später – Bela war zehn Monate alt – sah ich, dass eine Freundin Gebärden benutzte, wenn sie mit ihrer vierzehn Monate alten Tochter redete. Sie erzählte mir vom *babySignal*-Kurs. Ihre Tochter würde seitdem viele Dinge – beispielsweise das An- und Ausschalten des Lichts – viel aufmerksamer verfolgen. Außerdem würde sie eindeutig nach der Trinkflasche verlangen, indem sie ihre Hand in Sichtweite von Mama drehend bewege. Ich war beeindruckt davon und wünschte mir dies auch für Bela. Doch leider hatte ich zu diesem Zeitpunkt aus beruflichen Gründen keine Zeit für einen Kurs. Also guckte ich mir zunächst bei meiner Freundin ein paar Zeichen ab.

Als Bela dann sechzehn Monate alt war, nahmen wir an einem *babySignal*-Kurs teil. Es machte uns beiden sofort viel Spaß, und Bela war begeistert von der Möglichkeit, sich mit seinen Händen mitzuteilen. Schnell fing er an, die Gebärden zu zeigen. Es hat mir und Bela unendlich viel Positives gebracht. Über ein paar Monate hinweg waren die Zeichen Belas erste Möglichkeit, sich konkret mitzuteilen. Ich konnte seine Versuche zu sprechen schwer ver-

Eltern, die Gebärden mit ihrem Kind kennenlernen, erfahren etwas über Gebärdensprachen – die visuelle Sprache der Gehörlosen.

stehen. Bela redete allgemein sehr undeutlich. Eine unserer ersten ›Diskussionen‹ mit Gebärden verlief dann so: Wie immer legte ich ihn abends ins Bett und schaltete das Licht aus, zusammen mit der Gebärde AUS. Bela wollte aber nicht einschlafen. Er setzte sich im Bett auf und gebärdete mehrmals hintereinander selbst ›Licht AUS‹. Ich bestätigte ihm: ›Ja, das Licht ist AUS.‹ Doch gebärdete er wiederholt AUS und zeigte schon fast wütend auf das Fenster. Nun bemerkte ich, dass er nicht das Licht der Lampe meinte, sondern dass die Sonnenstrahlen, die im Frühsommer so spät noch in sein Fenster fielen, ihn störten. Ich erklärte ihm dann, dass ich dieses Licht nicht ausmachen konnte. Er schlief dann irgendwann unter Protest ein. Am nächsten Tag hängte ich das Fenster zu, es war etwas dunkler, und Bela konnte besser einschlafen.«

Ausflug in die Welt der Gehörlosen

Im Rahmen dieses Buches möchte ich meinen besonderen Dank allen gehörlosen Eltern aussprechen, dass ich von ihnen und ihren hörenden Kindern so viel lernen durfte. Im Gegenzug lade ich nun alle Leserinnen und Leser ein, mir zu einem kleinen Ausflug in die Welt der Gehörlosen zu folgen, um dem Mangel an Informationen über die eher selten sichtbare Lebenswelt Gehörloser entgegenzuwirken.

Eine besondere Geschichte

Um die Gehörlosenkultur tiefergehend kennen- und verstehen zu lernen, muss man wissen, dass sie ihre Ursprünge aus der Zeit ab dem Ende des 18. Jahrhunderts hat, als gehörlose Kinder in ihren Gehörlosenschulen zu einer Gemeinschaft zusammengewachsen waren und auch später noch durch Gehörlosenvereine in Kontakt blieben. Zu dieser Zeit wurde in den Gehörlosenschulen, die meist Internate waren, nach der lautsprachlichen Methode unterrichtet, und es war den Schülern untersagt, zu gebärden. Sie sollten ganz im Sinne der Lautsprache das Sprechen erlernen, um später ein »normales« Leben führen zu können. Diese Unterdrückung der eigenen Sprache hatte jedoch negative Auswirkungen auf das Selbstwertgefühl und die Entwicklung gehörloser Kinder und war somit wiederum ein ausschlaggebender Faktor für die Entwicklung der Gehörlosengemeinschaft, in der sich Gehörlose so akzeptierten, wie sie sind.

Was sind Gebärdensprachen?

Gebärdensprachen sind weltweit überall dort auf natürliche Weise entstanden, wo es Gehörlosengemeinschaften gab. Und sie haben durchaus Unterschiede, so wie gesprochene Sprachen auch. Es gibt zum Beispiel die Britische Gebärdensprache (BSL), die Französische Gebärdensprache (LSF) oder die Amerikanische Gebärdensprache (ASL). Gebärdensprachen sind vollwertig, mit komplexer eigener Grammatik und umfangreichem Gebärdenwortschatz. Mit Gebärdensprachen lässt sich alles ausdrücken: von Alltäglichem über abstrakte Ideen und Poesie bis hin zu wissenschaftlichen Vorträgen. Zur Gebärdensprache gehören nicht nur die konventionellen Handzeichen, sondern auch Mimik, Körpersprache und tonlos gesprochene Wörter. Darüber hinaus gibt es auch ein Fingeralphabet, mit dem beispielsweise Namen buchstabiert werden können.

Die Gebärdensprache der Gehörlosen ist nicht international.

In Deutschland wird die Deutsche Gebärdensprache (DGS) verwendet, die je nach Region wiederum unterschiedliche Dialekte hat. Es gibt für manche Wörter wie beispielsweise »Milch« zwei bis drei unterschiedliche Gebärdenvarianten.

Eine große Anerkennung

Im Jahre 2002 wurde die deutsche Gebärdensprache (DGS) in Deutschland endlich gesetzlich als vollwertige Sprache anerkannt, denn aus sprachwissenschaftlicher Sicht enthält sie alle Elemente einer vollständigen Sprache. Auch in der Bildung gehörloser Kinder gewinnt sie im Rahmen einer bilingualen Erziehung und Bildung (gebärden, sprechen, lesen und schreiben lernen) zunehmend ihren Platz. Dennoch, so erwähnt Gisela Szagun (siehe auch S. 19), eine der renommiertesten Sprachwissenschaftlerinnen in Deutschland, würde sich hartnäckig der Glaube halten, dass die Gebärdensprache den Erwerb der Lautsprache verhindern würde. Dies sei ein Irrglaube, so Szagun. Vergleiche man, wie gehörlose Kinder in anderen Ländern (USA, Großbritannien, Israel und zunehmend die Niederlande) die Gebärdensprache und Lautsprache gleichermaßen lernen, zeige sich, dass gehörlose Kinder beides erwerben können. (Szagun 2007, S. 213)

Was ist anders bei Gehörlosen?

Viele Gehörlose fühlen sich stark miteinander verbunden, als Teil einer kulturellen Minderheitengruppe. Gehörlose teilen eine gemeinsame Sprache und viele ähnliche Erfahrungen mit einer dominant hörenden Welt, in der Gehörlosigkeit eher unsichtbar bleibt. Das Leben von gehörlosen Menschen ist so vielfältig wie das aller Menschen. Gehörlose können auch mit ihrer Hörbehinderung unterschiedlichste berufliche Wege einschlagen, von der Handwerkerlehre bis hin zum Hochschulstudium oder Abschluss mit Doktortitel. Hörende Gebärdensprachdolmetscherinnen und -dolmetscher, die professionell von Gebärdensprache in die Lautsprache (und umgekehrt) übersetzen, stehen Gehörlosen für den Gang zum Arzt oder auch für die Teilnahme an internationalen Kongressen zur Verfügung. Weitere Informationen zu wichtigen Links und Adressen finden Sie im Anhang, Seite 138 f. Neunzig Prozent aller Kinder von gehörlosen Eltern können hören und lernen ganz natürlich von ihren Eltern die Gebärdensprache. Doch wie können Gehörlose die Türklingel, den Wecker oder Babygeschrei wahrnehmen? Für den Alltag zu Hause gibt es Signalanlagen wie Lichtblitze oder Vibrationssignale, die unterscheiden können, ob jemand vor der Tür steht oder das Baby schreit. Die Kontaktaufnahme zu Gehörlosen ist heutzutage geprägt von der Nutzung der sozialen Medien und somit um ein Vielfaches leichter als früher.

Falls Sie sich dafür interessieren, die Deutsche Gebärdensprache in ihrer Gesamtheit zu lernen, wenden Sie sich bitte an die örtlichen Gehörlosenverbände oder an den Deutschen Gehörlosenbund. Weitere Informationen zu wichtigen Links und Adressen finden Sie im Anhang.

2 Gebärden mit Babys – so klappt es!

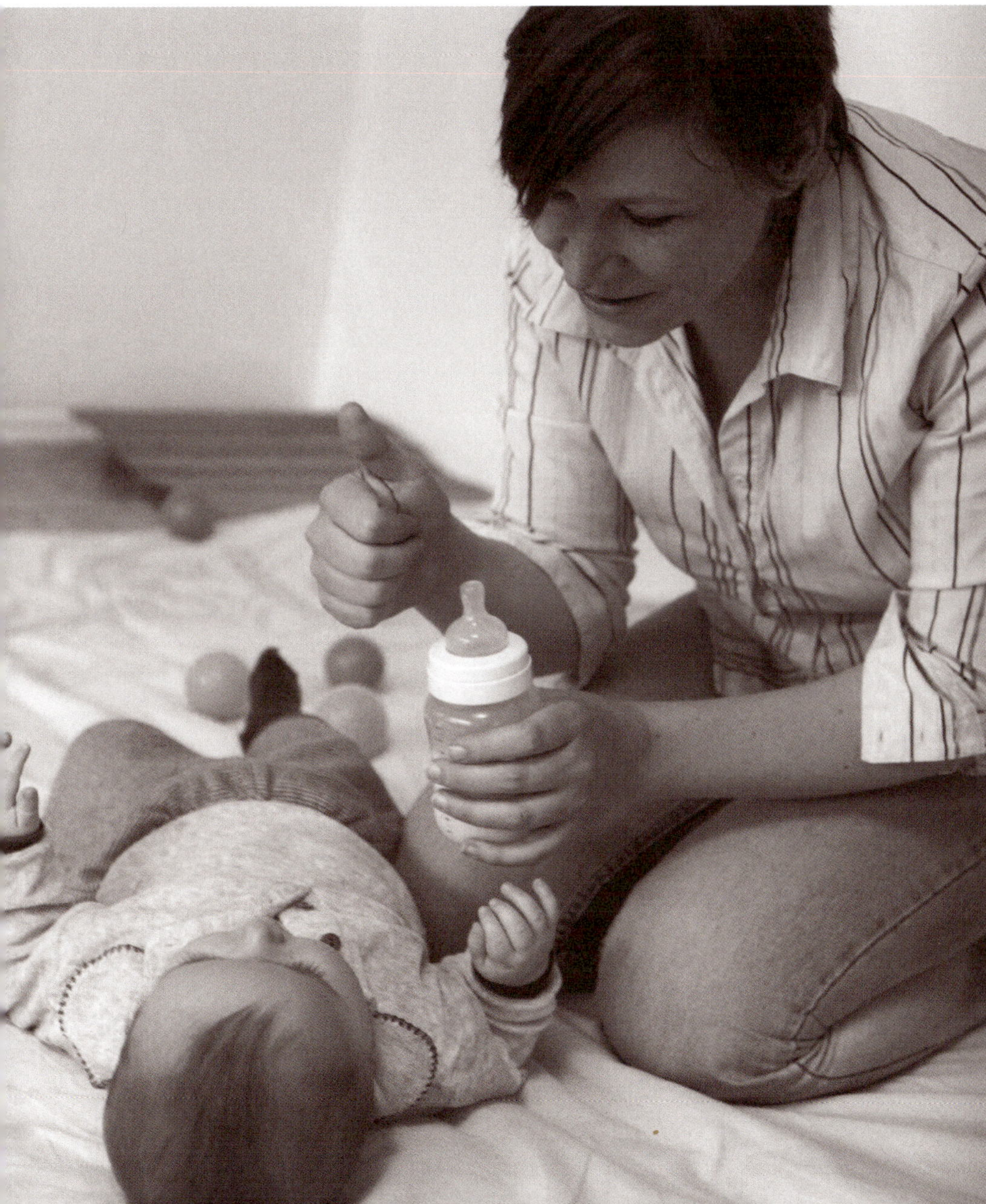

Wählen Sie Gebärden aus

Die entscheidende Erfahrung für Ihr Baby: Es bemerkt durch seine Laute, Bewegungen, Mimik oder Gestik, dass es einen Einfluss hat auf das, was um es herum geschieht.

Suchen Sie sich ungefähr zwischen sechs und zwölf Gebärden für den Anfang aus. Starten Sie gleich zu Beginn mit mehreren Gebärden, damit Ihr Kind merkt, dass Gebärden tatsächlich in unterschiedlichen Situationen des Alltags eine Rolle spielen können. Zu viele Gebärden brauchen Sie nicht, denn Ihr Kind soll mit den Gebärden keine neue, komplette Sprache lernen. Es sollen lediglich einige wichtige Worte, die Sie sowieso in alltäglichen Situationen mit Ihrem Kind sprechen, durch die Gebärde betont werden. Wichtiger ist es, auf die Aufmerksamkeit des Kindes zu achten, und die ausgewählten Gebärden zu wiederholen, ähnlich wie Sie dies auch mit Worten tun.
Die erste Auswahl, die Sie treffen, ist veränderbar, da sich auch die Interessen Ihres Kindes verändern und weiterentwickeln. Lassen sich kleine Babys fast einhellig für LICHT begeistern, finden die größeren Kinder vielleicht den vorbeifahrenden ZUG viel spannender, als mit Mama oder Papa eine Lampe ein- und auszuschalten. Viele Eltern berichten, dass sie eine Gebärde, beispielsweise TRINKEN, über einen längeren Zeitraum gezeigt haben und sie dann aus irgendeinem Grund wieder weggelassen haben. Trotzdem haben die Kinder später genau diese Gebärde dann doch selbst gezeigt. Sie brauchen also nicht zu warten, bis Ihr Kind genau auf Ihre Gebärdenauswahl entsprechend antwortet, bevor Sie weitere Gebärden zeigen. Beachten Sie einfach, dass Sie solche Gebärden wählen, die in *Ihren Alltag mit Ihrem Kind* passen. Es gehört dazu, dass Sie gemeinsam mit dem Baby in neue Situationen hineinwachsen, die Interessen sich verändern und dadurch einige Gebärden plötzlich wunderbar passen und andere wieder unwichtiger werden. Die meisten Eltern sind motiviert, die Anzahl der Gebärden zu erhöhen, wenn sie bereits routiniert sind und »ihre« Gebärden als natürliche Begleiter beim Sprechen zeigen.

Im Praxisteil 2 ab Seite 55 finden Sie alle Gebärden für den Anfang, mit denen ein guter Start zum Thema *Gebärden mit Babys* möglich ist, und der sich in der Praxis bewährt hat. Es handelt sich um eine Mischung aus Gebärden, die Eltern besonders interessant finden, und um Gebärden, die Babys besonders spannend finden. Erwachsene bevorzugen häufig Begriffe wie ESSEN oder TRINKEN, da sie sich darüber wichtige Hinweise über das Bedürfnis des Kindes erhoffen. Gebärden, die für Babys allerdings zunächst meist spannender sind, beziehen sich auf interessante Begebenheiten in ihrer Umgebung. Plötzlich ist MUSIK zu hören, ein LICHT leuchtet hell oder ein HUND oder eine KATZE werden entdeckt. Babys kommentieren gerne, wenn sie etwas entdeckt haben. Genau das motiviert ein Baby auch, selber zu gebärden, wenn es konkret benennen möchte, was es da beobachtet hat. Zu den Gebärden, die Babys interessant finden, gehört MUSIK/SINGEN, AN und AUS sowie erste Tiergebärden.

Die Auswahl für Sie und Ihr Kind darf natürlich individuell sein. Bestimmte Tiere oder Verkehrsmittel begegnen Kindern abhängig davon, wo sie wohnen oder welche Bücher sie anschauen. Vielleicht sehen Sie SCHAFE in Ihrer Nachbarschaft? Oder Sie können sehen, wie die FLUGZEUGE steigen und WEG-fliegen? Läuft Ihnen im Lieblingsbuch Ihres Kindes öfter ein PINGUIN über den Weg? Dann sind diese Begriffe für Sie und Ihr Kind natürlich interessant. Suchen Sie sich einfach über das Register (S. 140 ff.) aus 125 verschiedenen Worten die passenden Gebärden heraus.

Nutzen Sie auch Gebärden, die in verschiedenen Situationen passen können. Beispiel: Die Gebärde BADEN ist sinnvoll, kann aber fast nur im Zusammenhang mit der Badewanne genutzt werden. Hingegen kann die Gebärde WEG (im Sinne von »fort«) sehr häufig und in unterschiedlichen Zusammenhängen mit Personen, Dingen oder Tieren etwas bedeuten. Etwas (ein Spielzeug), jemand (der große Bruder) oder das Eichhörnchen verschwindet aus dem Blickfeld des Kindes und ist WEG.

Werden Sie vertraut mit ein paar Gebärden, die Sie Ihrem Kind in alltäglichen Situationen zeigen. So lernen Sie gemeinsam etwas Neues und machen sich mit Gebärden bekannt. Wichtig für Ihr Kind ist der konkrete Zusammenhang zwischen einer Gebärde (Hand zum Mund), einem Wort (»essen«) und der Aktivität (gefüttert werden).

Beachten Sie die kindliche Aufmerksamkeit

Natürlich gehört es zur täglichen Routine mit einem Kind, dass man ganz bewusst die Aufmerksamkeit des Kindes auf sich lenkt, wenn man ihm etwas mitteilen möchte. Eltern von Babys rufen üblicherweise den Namen des Kindes und bauen so Blickkontakt auf. Einige machen Geräusche (klopfen, klatschen) oder produzieren ungewöhnliche Laute mit ihrer Stimme (zischen, schnalzen, pfeifen), um die Aufmerksamkeit ihres Kindes zu gewinnen. Viele dieser Verhaltensweisen entstehen intuitiv, aus dem Bauch heraus. Ich möchte Sie mit *babySignal* darin bestärken, mit Ihrem Kind diesen Moment der gemeinsamen Aufmerksamkeit zu erkennen. Worauf reagiert es neugierig

und worauf mit Ablehnung? Wie gelingt es Ihnen, seine Aufmerksamkeit zu gewinnen? Und woran erkennen Sie, dass Ihr Kind genug hat?
Ebenfalls möchte ich Sie mit *babySignal* dazu ermutigen, in der Kommunikation mit Ihrem Kind schon von Beginn an zu sprechen. Erzählen Sie Ihrem Baby, was es erlebt: »Komm, ich ziehe dich an. Nun brauchst du noch deine Mütze. So. Draußen ist es kalt.« Lassen Sie es sprachlich teilhaben an den einfachen, täglichen Abläufen, die es erlebt: »Komm, ich nehme dich hoch« oder auch an den Gefühlen, die es zeigt: »Hast du dich erschrocken?« Vielleicht denken Sie, es lohne sich doch noch gar nicht, mit dem Baby zu sprechen? Vielleicht warten Sie auf das erste Wort Ihres Kindes, weil Sie glauben, dass die Sprachentwicklung dann beginnt?
Nun, das Gegenteil ist der Fall. Zunächst entwickelt das Kind über die Fähigkeit zu hören ein passives Wissen und Verstehen. Es versteht schon viele Worte, bevor es diese auch tatsächlich sprechen kann. Erst später, um den ersten Geburtstag herum, wenn es all sein Wissen und Verstehen wie ein eifriger »Schatzsucher« gesammelt hat, wird es Sie an seinem »Wort«-schatz teilhaben lassen. Vorher sind alle Eltern darauf angewiesen, die vorsprachlichen Signale des Kindes, seine Körpersprache mit Gesten und Mimik, seine Blicke und Töne zu deuten und zu verstehen.

Über das Gehör lernen Babys die Sprachmelodie und den Sprachrhythmus ihrer Muttersprache kennen.

Mit Babys zu gebärden bedeutet, den eigenen Blick zu schärfen und Situationen zu erkennen, die günstig für Gebärden sind. Beispielsweise, wenn Sie Blickkontakt zu Ihrem Kind haben oder wenn Ihr Kind interessiert auf Ihre Hand guckt. Sie sollten sich nicht darauf versteifen, immer und überall Gebärden mit Ihrem Kind »üben« zu wollen. Gebärden müssen nicht in jeder sich bietenden Situation gezeigt werden, damit es klappt und das Kind auch irgendwann einmal mit einer Gebärde antwortet. Ebenfalls muss das Kind die Gebärde nicht lange betrachten. Es ist besser, weniger und dafür im Kontakt mit ihm Gebärden zu zeigen, als »immer und ständig«, obwohl das Kind gar nicht auf Sie schaut. Fragen Sie sich einfach selbst, auch dann, wenn Sie ohne Gebärden mit Ihrem Baby sprechen: Ist mein Kind aufmerksam? Nimmt es mich überhaupt wahr? Wenn Sie die Aufmerksamkeit Ihres Kindes gewonnen haben, kündigen Sie Ihre Aktivität sprachlich an: »Komm, ich nehme dich hoch.« Es muss nicht anstrengend sein, Gebärden zu zeigen. In diesen Situationen können einzelne Gebärden leicht ihren Platz finden: »KOMM, ich nehme dich hoch.«

Ist Ihr Kind mit seiner Konzentration woanders, da es gerade einen Gegenstand mit Hand und Mund untersucht oder etwas spielt, stören Sie es nicht, nur weil Sie eine Gebärde zeigen wollen. Lassen Sie diese Situationen einfach vorbeiziehen, es werden andere kommen. Dies gilt ebenfalls, wenn Ihr Kind verträumt ist, und natürlich auch, wenn es müde ist.

Weitere Situationen, in denen Sie Gebärden gut einsetzen können, entdecken Sie, wenn Sie den Interessen des Kindes folgen. Richtet es seine Aufmerksamkeit auf ein Bild, ein Tier, eine Person oder beobachtet Ihr Kind Sie bei alltäglichen Tätigkeiten, entstehen auf natürliche Weise Situationen, in denen Sie mit ihm sprechen und eine Gebärde hinzufügen können. Gesten oder Gebärden finden so ganz nebenbei ihren Platz, genauso wie Ihre gesprochenen Worte.

Gebärden können natürliche Begleiter der gesprochenen Sprache werden, ähnlich wie Gesten.

Gebärden werden über die Augen wahrgenommen, im Gegensatz zu Worten, die über die Ohren gehört werden. Gebärden basieren auf Bewegungen der Hände im Gegensatz zu Bewegungen von Lippen und Zunge, die wir beim Sprechen bewegen. Durch die Gebärden legen Sie einen anderen Kommunikationskanal an. Darin sehe ich die Bereicherung und vor allem auch den Spaß, den Eltern und Kind gewinnen können, wenn sie gemeinsam etwas Neues lernen.

Betonen Sie die Schlüsselwörter

Betonen Sie nur das Schlüsselwort in einem Satz mit einer Gebärde. »HORCH mal, da bellt ein Hund.« »Möchtest du etwas *TRINKEN*?« »Jetzt ist *SCHLAFEN*zeit.« Auf dem Weg zum Sprechenlernen durchlaufen Kinder viele unterschiedliche Phasen. Zunächst lernen Kinder ihre Muttersprache über das Hören kennen – eine zentrale Fähigkeit für das spätere Sprechenlernen. Babys nehmen ihre Muttersprache wie eine Melodie wahr – noch hören sie nicht jedes einzelne Wort heraus. Stellen Sie sich vor, Sie hören eine Sprache, die sie überhaupt nicht kennen (Japanisch). Würden Sie erkennen können, wo ein Wort beginnt oder wo ein Wort zu Ende ist? Genau diesen Lernprozess durchläuft jedes Kind zunächst mit seiner eigenen Muttersprache. Babys müssen erst noch lernen, Worte und Wortgrenzen zu erkennen.

Nun betonen Sie das Schlüsselwort dadurch, dass Sie gleichzeitig dazu eine Bewegung zeigen. Nehmen wir wieder das Beispiel des Vogels (siehe S. 19).

Sie breiten Ihre Arme seitlich aus und lassen sie schwingen, wie die Flügel eines fliegenden Vogels (siehe auch S. 67), wenn Sie erzählen: »Schau mal, da fliegt ein VOGEL.« Das Kind hört nun möglicherweise das Wort Vogel besser heraus und erhält zusätzlich über die Bewegung und natürlich durch Ihren Blick auf einen Vogel eine weitere Information darüber, was einen Vogel ausmacht.
Warum Sie nur eines und nicht jedes Wort in einem Satz mit einer Gebärde begleiten sollten? Ganz einfach: Lassen Sie einmal das folgende Beispiel auf sich wirken:
Ein Baby hört: »Schaumaldaisteinhund.«
Die Mutter betont nun *ein* Wort mit einer Gebärde: »Schaumaldaistein-HUND.«
Die Mutter betont *jedes* Wort mit einer Gebärde: »SCHAUMALDAISTEIN-HUND.«
Wie Sie sehen, ist es wichtig, dass Sie nur ein ***Schlüsselwort*** betonen!

Wiederholen Sie die Gebärden

Damit die Gebärden beim Kind gut ankommen, wiederholen Sie die Gebärden über einen längeren Zeitraum. Da Babys Wiederholungen mögen, und es auch für die Erwachsenen leichter ist, sich an ein paar Gebärden zu gewöhnen und sie mit alltäglichen Ritualen zu verknüpfen, suchen Sie sich eigene Rituale aus.

- Bevor Sie Ihr Kind füttern, kündigen Sie an: »Nun gibt es ESSEN.«
- Beobachten Sie gemeinsam ein sich drehendes Mobile und kommentieren Sie: »Schau, es DREHT sich.«
- Beim Toben oder Durchkitzeln machen Sie eine Pause und fragen gespielt ahnungslos: »Soll ich dich NOCHMAL kitzeln?«
- Abends vor dem Insbettbringen schalten Sie gemeinsam mit dem Kind »die Lichter AUS«. Wenn es im Bett liegt, zeigen Sie »SCHLAF gut«.

Wann Ihr Kind zu Ihnen zurückgebärden wird, hängt von vielen Faktoren ab. Ich werde daher nur sehr allgemeine Aussagen dazu treffen, denn ich möchte nicht, dass Sie eine Erwartungshaltung Ihrem Kind gegenüber aufbauen.

Nicht jedes Kind, welches die Gebärden gezeigt bekommen hat, muss die Gebärden für sich nutzen. Solange es Eltern und Kind Freude bereitet, wenn Gebärden von den Eltern gezeigt werden, wäre nichts Negatives passiert. Dann allerdings, wenn tatsächlich eine bestimmte Erwartung an das Kind aufgebaut wird, wird es kritisch. An dieser Stelle sollten Eltern sich fragen, warum sie so konkrete Erwartungen an ihr Kind stellen. Schließlich ist es ein eigener Mensch mit Vorlieben und individuellen Begabungen. Nur weil wir mit einem Baby zum Babyschwimmen gehen, erwarten wir ja auch nicht, dass das Kind der beste Schwimmer wird.

CARO MIT TOCHTER HOLLY (13 Monate): »Ich habe den *babySignal*-Kurs gerne besucht, aber habe es einfach nicht geschafft, die Gebärden zu Hause zu zeigen. Das Verblüffende war, dass Holly trotzdem angefangen hat zu gebärden! Das zeigt mir, dass sie die ganze Zeit im Kurs sehr aufmerksam war. Das hätte ich nicht gedacht. Sie hat uns quasi dazu gebracht, mit ihr die Zeichen zu benutzen; ich glaube, sie war sehr dankbar und glücklich, mit uns kommunizieren zu können.«

Meine Erfahrung aus der *babySignal*-Praxis: Je jünger (6 Monate) ein Kind ist, wenn es Gebärden gezeigt bekommt, desto jünger (8 – 12 Monate) ist es, wenn es seine erste Gebärde selber zeigt. Das bedeutet für die Eltern aber auch, dass sie mehr Geduld mitbringen müssen, denn drei oder vier Monate ohne eine »Antwort mit Gebärde« des Kindes können sich lang anfühlen. Je älter (14 Monate) ein Kind ist, wenn es Gebärden gezeigt bekommt, desto kürzer wird es dauern, bis das Kind die Gebärde zeigt (von einem Tag auf den anderen bis hin zu mehreren Wochen). Der Vorteil für alle Eltern: Es ist kein Problem, wenn sie selbst über einen längeren Zeitraum nicht gebärden. Häufig kommt es bei Eltern zu Phasen, in denen der eigene Schlafmangel so viel Kraft zehrt, dass keine Energie für die Gebärden mehr übrig ist. Entspannen Sie sich und beginnen Sie erneut, wenn Sie wieder Kraft getankt und Spaß an den Gebärden haben.

Gebärden können Faszination und Spaß in den Alltag von Eltern und Kindern bringen.

Der Zeitraum, in dem Sie Ihrem Kind Gebärden zeigen können, ist unbegrenzt. Auch viele zwei- und dreijährige Kinder bis hin zu großen Schulkindern lassen sich leicht für Gebärden begeistern. Viele ältere Kinder sind ebenfalls begeistert davon, wenn sie mit ihren jüngeren Geschwistern gebärden und sich der Kontakt untereinander darüber erweitert.

SILKE MIT EMILY (14 Monate): »Als ich erleben konnte, mit welcher Freude und Leichtigkeit sich Emily über Gebärden mitteilen konnte, verflog der restliche Schimmer an Zweifel, den ich noch hatte. Doch ich brauchte Geduld, denn es dauerte über vier Monate, bis meine Tochter anfing zu gebärden.«

Durch das Gebärden mit Babys nehmen Eltern die gestischen Bewegungen ihres Kindes stärker in den Blick und können dadurch seinen nonverbalen Kommunikationsanteil noch besser erkennen. Besonders glücklich macht es mich als Kursleiterin, wenn Eltern sagen: »Ich habe so viel mehr als nur Gebärden gelernt. Ich achte viel stärker auf die Reaktionen meines Kindes.«

Spielen Sie und machen Sie Quatsch

Nehmen Sie die Gebärden für Babys nicht zu ernst. Es fällt leichter, wenn Sie mit den Gebärden Quatsch machen und sie als Spiel mit Ihrem Kind betrachten. Sie können Ihre Bewegungen auch übertreiben oder verlangsamen. Sie können auch ohne Ihre Stimme eine Gebärde zeigen und so die Aufmerksamkeit Ihres Kindes bannen. Ebenfalls können Sie am Körper des Kindes gebärden, sodass es Ihre Berührung spürt (z.B. BADEN, KATZE). Außerdem gibt es Gebärden, die sich besonders gut dafür eignen, Quatsch zu machen. Sie sind in den vier Praxisteilen zusätzlich als »Quatsch-Gebärden« gekennzeichnet. Suchen Sie nach ENTE (S. 68), BÄR (S. 114) und AUTO (S. 105) und werden Sie Künstler der Pantomime.

Beobachten Sie die kindlichen Handbewegungen

Die Handbewegungen Ihres Kindes werden vermutlich nicht genauso aussehen, wie Sie ihm die Gebärde vorgemacht haben. Das Kind braucht eine gewisse Zeit und Reife, um die Kontrolle über die Bewegungen der eigenen Hände und Finger zu erlangen. Zunächst sind die Handbewegungen daher noch ungenau, so wie auch erste Worte häufig noch verwaschen klingen oder nur bruchstückhaft gesprochen werden.

Beachten Sie die Handbewegungen Ihres Babys, damit Sie »mitbekommen«, wenn es anfängt zu gebärden. Lernen Sie, die Gebärden zu sehen. Eine Babygebärde können Sie an unterschiedlichen Merkmalen erkennen:

- Ihr Kind macht eine Handbewegung. Sie wirkt anders auf Sie, so als ob es keine zufällige Bewegung oder Geste sei.

- Die Hände des Kindes bewegen sich zwar noch sehr undeutlich, beispielsweise werden beide Hände gehoben und wippend in die Luft gehalten, aber doch genau in dem Moment, wenn Musik zu hören ist.
- Eine Gebärde wird von Ihrem Kind mit der richtigen Bewegung einfach an einer anderen Körperstelle gezeigt. Am Beispiel HUND würde dies folgendermaßen aussehen: Die Hand bei der Gebärde HUND klopft normalerweise auf den Oberschenkel. Ihr Baby klopft stattdessen eindeutig mit seiner Hand auf den Bauch, nachdem es einen Hund gesichtet hat.
- Die Hand des Kindes macht grob die richtige Bewegung der Gebärde, aber einzelne Finger, beispielsweise der Daumen und der kleine Finger, können noch nicht abgespreizt werden. Am Beispiel Flugzeug sieht man dann eine Armbewegung mit einer offenen flachen Hand nach oben ansteigen, ohne den abgespreizten Daumen und kleinen Finger.
- Ihr Kind schaut Sie nach einer ersten Gebärde mit großen Augen auffordernd an, als ob es eine Antwort auf seine Äußerung haben möchte.

Eltern, deren Babys gebärden, erhalten aus erster Hand einen Einblick in die Gedanken- und Gefühlswelt ihres Kindes.

Wenn ein Baby beginnt zu gebärden, spüren Eltern häufig neben leichter Verunsicherung auch folgendes Bauchgefühl: »Das könnte eine Gebärde gewesen sein!« Die Unsicherheit und Verwunderung überwiegen zunächst zwar noch, aber das geht recht schnell vorbei. Nun, was sollen Sie tun in solchen Momenten der Unsicherheit? Handhaben Sie es ähnlich wie beim Sprechenlernen, wenn Sie noch nicht sicher sind, ob mit »Ba« nun der Ball oder der Bagger gemeint war. Sie motivieren Ihr Kind, indem Sie positiv auf den Versuch zu sprechen reagieren: »Ja, meinst du den Ball? Willst du den Ball haben?« In diesen Situationen wiederholen Eltern, was sie gehört und verstanden haben. Wenn Sie das Gefühl haben, eine Handbewegung könnte eine Gebärde gewesen sein, reagieren Sie positiv auf Ihr Baby. Interpretieren Sie seine Bewegungen, als ob Sie es schon verstanden hätten.

MONIQUE MIT THORE (16 Monate): »Seit drei Wochen gebärdet Thore viele Zeichen: KUH (für alle Tiere mit Hörnern), HASE, WEG, NOCHMAL, ZUG, HUND, TANZEN. Nun geschah Folgendes, als er ins Bett gehen sollte, aber dies nicht wollte. Er zeigte die Gebärde für TANZEN und NOCHMAL. Mein Mann sagte dann: »Unglaublich, das Kind will zum Einschlafen Musik hören!« Wir hatten gerade zuvor das Radio ausgestellt. So macht kommunizieren Spaß!«

Mögliche Stolpersteine auf dem Weg zum Gebärden

Der eine oder andere Erwachsene »stolpert« zunächst eher auf der motorischen Ebene und bemerkt, dass die eigene Handgeschicklichkeit eine Herausforderung darstellt. Manche machen sich auch Sorgen, dass sie die Gebärde »falsch« vormachen. Doch solange man Freude daran hat, die Gebärde zu zeigen, liegt man immer »richtig« – auch wenn die Handform nicht stimmte. Die Gebärden müssen nicht perfekt ausgeführt werden.

Erwachsenen fällt es überhaupt unterschiedlich leicht oder schwer, an die Gebärde zu denken, während sie mit ihrem Kind sprechen. Vielleicht müssen Sie sich erst daran gewöhnen, gleichzeitig zu sprechen und Ihre Hände zu bewegen?

Manche Eltern fordern ihr Kind auch auf, die Gebärde direkt nachzuahmen. Sie zeigen die Gebärden und fordern im Anschluss daran auf: »Mach mal so!« Das ist nicht notwendig, deshalb meine Bitte: Lassen Sie Ihr Kind die Gebärden einfach nur wahrnehmen. Das reicht schon. Wenn es mitbekommt, dass Sie mit Ihren Händen »etwas Sinnvolles tun«, wird es sich von alleine dafür interessieren. Kinder nutzen Gebärden besonders dann, wenn sie merken, dass sie sich damit besser mitteilen können und dadurch auch etwas in ihrer Umgebung bewirken können. Andere Eltern wiederum führen die Hände ihres Kindes beim Gebärden. Doch auch das ist nicht notwendig. Lassen Sie Ihr Kind entscheiden, wann es Gebärden zeigen möchte. Natürlich »darf« man Babys und Kinder fragen: »Zeigst du es mir mit deinen Händen?« Ebenfalls sollten Sie nicht ablehnen, wenn das Kind Sie direkt fragt: »Wie geht das?« und Ihnen die eigenen Hände hinhält. Und natürlich dürfen Sie die Hände Ihres Kindes berühren oder auch gemeinsam die Hände aneinandergelehnt gebärden, wie zwei FISCHE aneinander. Doch das Wichtigste bleibt immer, dass Sie ihm die eigene Entscheidung belassen.

Manche Eltern sind jedoch enttäuscht von ihrem Kind, wenn es nicht zurückgebärdet. Mein Tipp: Erwarten Sie von Ihrem Kind einfach gar nicht, dass es anfängt zu gebärden. Dann ist die Überraschung und Freude umso größer, wenn es tatsächlich klappt. Eine wertvolle Erfahrung für Ihr Baby kann es ohnehin gewesen sein: Gebärden zu sehen, ist eine Bereicherung für die Verknüpfung von synaptischen Verbindungen in der Entwicklung und Reifung des Gehirns.

Das vielleicht größte Problem im Zusammenhang mit gebärdenden Babys könnte sein, dass auch mal Missverständnisse entstehen können. Wie erwähnt, sind einerseits nicht alle Gebärden immer sofort deutlich zu definieren. Andererseits können auch im Umgang mit anderen Bezugspersonen, beispielsweise bei der Betreuung des Kindes in der Kindertagespflege, »Übersetzungsprobleme« entstehen, wie es eine Mutter mit ihrer Tochter (18 Monate) am ersten Tag in der Krippe erlebte: Die Erzieherin stand mit dem Mädchen vor einem Tisch, auf dem Getränke standen. Die Kleine begann dies mit der Gebärde TRINKEN zu kommentieren, denn sie wollte gerne etwas haben. Doch für die Erzieherin sah diese Handbewegung eher aus wie ein WINKEN und sie brachte das Mädchen zurück zu ihrer Mutter, mit den Worten: »Ich glaube, Ihre Tochter möchte nach Hause gehen.« Die Mutter hat das Missverständnis dann aufgeklärt, und das TRINKEN wurde nachgeholt.

Wenn ein Kind (noch) nicht gebärdet – ist es häufig nur eine Sache der Geduld oder übersteigerter Erwartungen der Eltern.

Erfahrungen einer Mutter

Andrea mit Sohn Kiran (11 ½ Monate) schrieb per E-Mail: »Ich habe mit Kiran angefangen zu gebärden, da war er neun Monate alt. Nun sind schon zweieinhalb Monate vergangen, und er macht keine einzige Gebärde. Wir haben extra auch Gebärden ausgesucht, die Babys interessant finden: MUSIK, KATZE, HUND, SCHAF und dazu noch ESSEN, TRINKEN, MILCH, ZU HAUSE. Bin ich einfach zu ungeduldig?«

Als Kursleiterin war ich dankbar, diesen Prozess der Mutter mitzubekommen. Es stellte sich noch heraus, dass sich Andrea in ihrem Umfeld mehrfach rechtfertigen musste, warum sie mit Kiran gebärdete, »weil viele das für Quatsch hielten«. Ebenfalls wurden ihr von genau diesen Leuten die Nachfragen lästig, ob Kiran denn nun selbst schon gebärden würde. Meine Empfehlung an die Mutter lautete, gegenüber Kiran locker zu bleiben. Ich erklärte erneut: »Gebärden sind nur ein Angebot. Du machst es richtig, und alles ist gut so. Kiran wird selbst entscheiden, wann der richtige Zeitpunkt ist, zu gebärden. Er sucht es sich auch selber aus, wann er zu sprechen beginnt. Folgendes würde ich dir gerne empfehlen: Mach einfach eine Gebärdenpause. Gebärde einfach gar nicht mehr. Wenn du merkst, es fehlt dir etwas und es macht dir Spaß, zu gebärden, dann bleibe dabei, wenn du wieder Lust dazu hast.«

Nachdem sich der Stress bei Andrea gelegt hatte, stellte sie fest, dass auch ihre Motivation zu gebärden gesunken war. Ihr fehlte einfach das Feedback von Kiran. Aber einige Wochen später (Kiran war genau 13 Monate alt) gab es dann während einer Nachholstunde im *babySignal*-Kurs einen richtigen Schub. Kiran lauschte der Musik, zu der wir zum Abschluss gemeinsam tanzten. Immer dann, wenn die Musik zu Ende ist, erzählen wir den Kindern: »Oh – nun ist die Musik AUS.« In diesem Moment geschah es. Die glückliche Mutter: »So das eine oder andere Mal hätte man vorher schon mit viel Fantasie einen Hund in sein Händchengeschüttel hineininterpretieren können. Aber als die Musik ausging, hat er ganz sicher eine AUS-Gebärde gezeigt! Und das war auch kein Zufall, denn er hat es noch zweimal wiederholt. Ich war total glücklich! Nun bin ich natürlich hochmotiviert, weiter mit ihm die ganzen Gebärden zu machen! Zumal ich nun mit dem Erlernen von den Gebärden AUTO und FLUGZEUG ja auch noch weitere Dinge benennen kann, die ihn sehr, sehr doll interessieren. Da er die Gebärden, die wir mit ihm machen, definitiv versteht, hoffe ich und bin auch optimistisch, dass er sie auch bald selbst zeigt und damit ausdrücken kann, was ihn bewegt.«

Die Motivation von Eltern, weitere Gebärden zu zeigen, steigt in dem Moment, wenn das eigene Kind zum esten Mal eine Gebärde selber zeigt.

3 Gesten und Gebärden für die Kleinsten

Wenn Sie dieses Kapitel lesen, werden Sie vielleicht das ein oder andere Mal denken: »*Das mache ich doch schon.*« Ja, natürlich: viele der Handzeichen, die im Folgenden vorgestellt werden, nutzen Eltern intuitiv, also ohne darüber nachzudenken. Wenn es so ist, dann sind Sie schon auf dem Weg zu den ersten Gebärden für Babys. Denn eines haben Gesten (Handzeichen, die aus dem Bauch heraus entstehen) und Gebärden (festgelegte Zeichen aus der Deutschen Gebärdensprache) gemeinsam: Es sind Bewegungen der Hände, die der gesamten Kommunikation nützen.

Die Aufmerksamkeit ...

Ist Ihr Baby zwischen drei und sechs Monaten alt, werden Sie es immer gut im Blick haben, da es sich noch nicht weit von Ihnen fortbewegen kann. Doch Babys interessieren sich für neue Eindrücke, die in ihrem Blickfeld geschehen, dazu gehören auch Bewegungen von Händen. Schon in dieser Zeit können Sie also mit Gesten und ersten Gebärden beginnen, die Aufmerksamkeit des Kindes auf Ihre Hände zu lenken. Halten Sie ganz einfach Ihre Hände in das Blickfeld Ihres Babys. Blickt es auf Ihre Hände? Noch nicht? Dann bewegen Sie Ihre Finger. Oder halten Sie die Hände weiter entfernt. Schaut Ihr Baby nun? Bewegen Sie dabei Ihre Hände ein wenig von einer Seite zu der anderen – hin und her.

Probieren Sie verschiedene Möglichkeiten aus, die Aufmerksamkeit Ihres Babys zu gewinnen. Besonders Geräusche mit dem Mund (Lippen öffnen und schließen mit einem leichten Ton) oder mit der Zunge (schnalzen) oder ein leises Zischen wird die Aufmerksamkeit auf Sie lenken, und Sie haben dabei Blickkontakt mit Ihrem Kind. Nun können Sie ihm schon erste Gebärden oder Gesten zeigen, und wenn es nur ein einfaches Zuwinken ist.

Wenn Sie so früh schon beginnen, haben Sie ausreichend Zeit, die Gebärden selber zu lernen und sich daran zu gewöhnen, »mit den Händen« zu sprechen. Die Gebärden können auch sporadisch im Alltag auftauchen. Falls Sie zwischendurch die Motivation verlieren, weil andere Dinge im Vordergrund stehen, steigen Sie einfach wieder neu ein. Das ist überhaupt kein Problem.

Jede Anregung braucht Zeit, um verarbeitet zu werden. Vielleicht werden Sie manchmal beobachten, wie Ihr Baby Arme und Beine bewegt, einfach weil es sich wohl fühlt oder seinen Körper kennen und bewegen lernt. Blickkontakt mit ihm zu haben, bedeutet für das Baby sogar nachweislich, einen gewissen

Grad erhöhter Erregung zu spüren. Sprich: Blickkontakt darf und kann Babys »aufregen«. Doch ebenso wie Blickkontakt können auch Handbewegungen Babys anregen und aufregen. Zwar ist dies eine schöne Anregung, und Babys brauchen und suchen besonders den Blickkontakt. Doch Babys signalisieren dann auch, wenn sie eine Pause brauchen. Beispielsweise dreht ein Baby sich weg oder wendet den Blick ab. Zeigen Sie Gebärden im richtigen Moment: nämlich dann, wenn Ihr Kind wach und zufrieden ist und Sie oder Ihre Hände gerne anschaut.

Wann kann mein Kind selber gebärden?

Viele Babys entdecken im Laufe der ersten Lebensmonate zunächst die Beweglichkeit ihres Körpers und als kleinen Teil davon ihre eigenen Hände. Sie bewegen sie, betrachten sie eingehend und sind erstaunt über die eigenen Fähigkeiten. Zu Beginn sind gestische Bewegungen bei Babys zufällig und noch keine tatsächlichen Gebärden – eher wie eine Art Brabbeln mit den Händen. Babys können in dieser Zeit auch durchaus auf die Hände von Erwachsenen schauen und sind daher bereits gute Zuschauer! Viele Eltern berichten davon, dass ihre Kinder einige Gebärden bereits früh verstehen. Und viele haben erlebt, dass ihr Kind schon vor dem ersten Geburtstag mehrere Gebärden gezeigt hat.

PRAXISTEIL I:
3.–6. Lebensmonat

Die Sprache der Hände kann man sehen. Wir nutzen unsere Augen und lernen, auf die Hände unserer Kinder zu blicken.

Unsere Finger und Hände sind ein wunderbares »Spielzeug für unterwegs«. Ob im Wartezimmer beim Kinderarzt oder bei einer ungewünschten Autofahrt: Sie können Ihr Kind durch Bewegungen Ihrer Hände anregen, ablenken und auch beruhigen. Außerdem können Sie Quatsch machen, die Hände verstecken oder das Baby zärtlich berühren. Beachten Sie seine Signale, die es Ihnen durch seinen Blick, seine Kopfbewegungen, über seine gesamte Körpersprache sendet. Allgemein kann man sagen: Wenn ein Baby hinschaut, findet es Ihr Spiel mit den Händen noch interessant. Schaut es weg, kann dies durchaus heißen, dass es eine Pause braucht. Testen Sie doch einfach, wie viel Bewegung Ihr Kind mag und was passiert, wenn Sie Ihre Bewegungen übertreiben oder wieder reduzieren.
Nochmals: Es geht in diesem Alter der Kinder nicht darum, dass die Babys schon selber Gesten oder Gebärden zeigen. Es geht ausschließlich um die Anregung, wie Sie selbst Ihre eigenen Hände mehr in die Kommunikation mit Ihrem Baby einbeziehen können.

Fingerspiel »mit den Fingern zappeln«

Eine kleine Übung vorab soll Sie darauf aufmerksam machen, welchen Abstand Sie beim Gebärden zum Gesicht Ihres Kindes wahren sollten. Es kann durchaus unangenehm sein, wenn ganz nah vor den eigenen Augen Finger herumzappeln. Probieren Sie das selbst einmal aus. Es fällt schwer, die Bewegung zu erkennen und die Finger deutlich zu sehen. Halten Sie nun Ihre Hände mit gestreckten Armen von sich weg und bewegen Sie die Hände erneut. Genau: Jetzt ist es möglich, die Hände richtig wahrzunehmen.

KOMM HOCH

Winke deinem Kind mit beiden Händen: »KOMM, ich nehme dich hoch.«

Eine einfache Geste für jedermann. Bevor Sie Ihr Baby beispielsweise vom Wickeltisch auf den Arm nehmen, können Sie ankündigen, was Sie tun werden. »KOMM, ich nehme dich hoch auf meinen Arm.« Wenn ein Baby auf dem Rücken liegt, fällt es leicht, miteinander Blickkontakt aufzubauen. Aber auch, wenn es auf dem Bauch liegt oder später, wenn es sitzen kann, können Sie für Ihr Kind gebärden. Halten Sie dafür Ihre Hände in das Blickfeld des Kindes. So können Ihre Hände von ihm wahrgenommen werden, auch ohne dass Sie Blickkontakt haben.
Wenn Ihr Baby dieses Handzeichen verstanden hat, wird es sich aufrichten oder sich Ihnen entgegenstrecken. Es weiß nun schon, dass es gleich hochgehoben wird, und erhöht seine eigene Körperspannung.

Benennen Sie das, was Sie als Nächstes tun werden. Vorteil: Ihr Kind kann »mithelfen«, wenn es weiß, was als Nächstes passiert.

BRITTA MIT JASPER (4 Monate): »Mein Sohn ist jedes Mal ganz aufgeregt, wenn ich ›KOMM hoch‹ winke. Er streckt sich mir dann vor lauter Vorfreude schon entgegen und kann es kaum erwarten, auf den Arm genommen zu werden.«

HORCH MAL!

Zeige mit dem Zeigefinger auf dein Ohr, ziehe deine Augenbrauen hoch.

Diese Geste ist sehr einfach umzusetzen. Für Babys gibt es in ihrer Umgebung viele Töne und Geräusche zu entdecken. Sei es das Vogelgezwitscher, die Kirchenglocken oder die Sirene von Polizei und Feuerwehr. Lenken Sie die Aufmerksamkeit Ihres Babys auf das, was Sie hören können – egal, ob laut oder leise, nah oder fern. Sie können auch die Musik aus dem Radio hören.

Etwas hören und die Töne und Geräusche zuordnen zu können, ist ein Lernprozess. Die Fähigkeit, die eigene Aufmerksamkeit auf etwas zu lenken und verschiedene Geräusche voneinander trennen und der Geräuschquelle zuordnen zu können (Stimmen, Sprachen, Tierstimmen, Motorengeräusche, Töne aus dem Radio), ist auch eine Grundlage für das Sprechenlernen.

CAROLA MIT JANA (14 Monate): »Jana spielte in der Sandkiste auf einem großen Spielplatz. Plötzlich stand sie auf und stand einfach still da. Dann hielt sie ihren Zeigefinger an ihr Ohr. Sie hat uns auf das vorbeifahrende Motorrad aufmerksam gemacht. Es war sehr laut. Und ich dachte, sie würde über ihr Spiel in der Sandkiste nachdenken.«

HALLO UND TSCHÜSS

Hallo: Winke mit deiner geraden Hand von rechts nach links. *Tschüss:* Öffne und schließe deine Faust winkend.

Viele Eltern freuen sich darüber, wenn ihr Kind – meist zwischen dem siebten und neunten Lebensmonat – beginnt zu winken. Nun wird sichtbar, dass es sich schon selber aktiv an der Kommunikation beteiligen kann. Ebenfalls erfahren die Eltern, dass ihr Kind eine häufig beobachtete Geste nachmachen und in passenden Situationen selber zeigen kann. Wenn das keine Motivation ist, schon jetzt aus dem Winken ein alltägliches Ritual zu machen! Diejenigen, die es ganz genau nehmen wollen, können sogar zwischen Hallo- und Tschüss-Winken unterscheiden.

Beim Winken können wir beobachten, wie lange Babys brauchen, bis sie selbst mit einem Winken reagieren können. Erwachsene sind oft zu schnell, winken zu kurz oder warten nicht auf die Reaktion des Kindes. So kann es passieren, dass ein Baby anfängt zu winken, obwohl es beispielsweise mit Mama oder Papa den Ort des Abschieds schon längst verlassen hat.

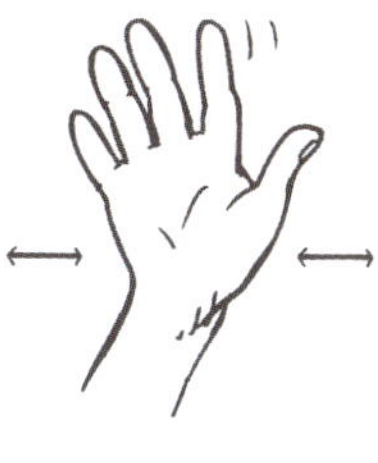

Verabschieden Sie sich ausführlich mit auffälligem Winken und einem lachenden Gesicht. Strahlen Sie Leichtigkeit und Sicherheit aus bei Abschieden, denn sie sehen sich ja gleich wieder. Begrüßen Sie Ihr Baby ebenfalls mit einem Winken.

KATHARINA MIT SVEN (6 Monate): »Ich habe meinem Sohn auch dann zugewunken, wenn ich in der Küche noch aufräumen musste und er, zwar in meinem Blickfeld, aber schon im Wohnzimmer, auf dem Teppich lag. So hatten wir eine Verbindung über mein Winken. Sein erstes Winken sah süß aus: er hat dabei den ganzen Arm bewegt. Später konnte er dann mit der Hand winken, ohne den ganzen Arm zu bewegen.«

WARTE! – EINE BERUHIGENDE GESTE

Schaue direkt in die Augen deines Kindes. Federe mit einer oder mit beiden offenen, flachen Händen sanft zu ihm hin. Sprich dazu beruhigend: »Warte hier. Ich komme gleich wieder.« Entferne dich dann kurz und begrüße dein Kind, wenn du wiederkommst.

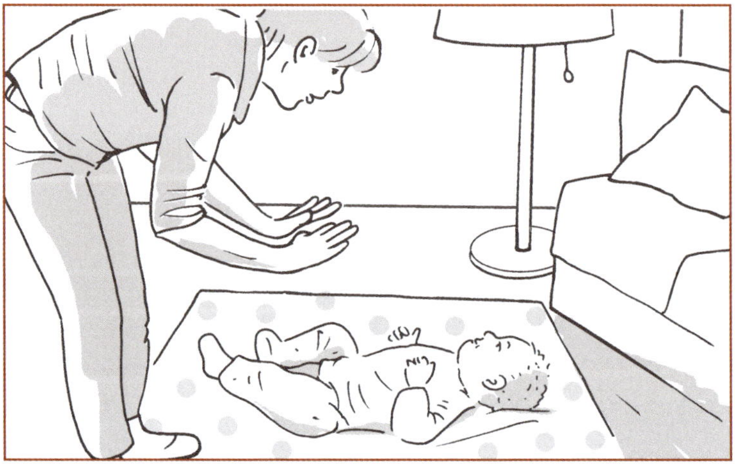

Gebärde WARTE für kurze und lange Trennungen

Versuchen Sie immer, sich von Ihrem Kind zu verabschieden. Es hat dadurch die Chance zu lernen, dass kurze Trennungen zum alltäglichen Leben gehören. Die beruhigende Gebärde WARTE kann Sie dabei unterstützen. Stellen Sie sich ein kleines Beiboot zu einem großen Schiff vor. Wenn das »Mutterschiff« sich entfernt, muss das kleine Boot wissen, wo es hingehört. Werfen Sie bildlich gesprochen »einen Anker« für Ihr Baby, damit es weiß und spürt, wo sein »Hafen« ist, wo es aufgehoben ist, während Sie nicht da sind. Es kann dadurch Sicherheit und Vertrauen entwickeln und die Erfahrung machen, dass es nicht allein auf dem weiten Meer schaukelt. Wird es älter, werden auch die Trennungen länger, bereiten Sie deshalb Ihr Kind auf den Abschied vor. Nehmen Sie es beispielsweise zunächst auf den Arm und erklären Sie: »Gleich können wir Tschüss winken. Ich gehe kurz einkaufen. Du bleibst hier bei Papa.« Geben Sie Ihr Baby dann auf den Arm Ihres Mannes. Schauen Sie nun Ihrem Kind einmal direkt in die Augen und erklären Sie wieder: »WARTE hier bei Papa auf mich. Ich komme gleich wieder.« Winken Sie zum Abschied in Ruhe, haben Sie Spaß beim Verabschieden. Auch bei Ihrer Rückkehr begrüßen Sie es freudig. Später besucht Ihr Kind vielleicht die Krippe oder den Kindergarten. Nun ist es schon an kleine Trennungen gewöhnt. Wichtig ist nur, dass Sie eine Person haben, an die Ihr Kind sich binden (anhängen) darf.

Im Alltag werden Sie sich immer mal von Ihrem Baby entfernen müssen, um etwas innerhalb der Wohnung zu erledigen. Vielleicht ist es nur der Gang zur Küche oder ins Badezimmer. In diesem Alter wird Ihr Baby darauf möglicherweise noch sehr entspannt reagieren. Eine kleine, sanfte Geste mit beruhigender Stimme lohnt sich aber auch jetzt schon. Ihr Baby lernt auf diese Weise »kleine Abschiede« von Mama kennen. Es lernt, sich zu orientieren und zu vertrauen. Und durch die Wiederholung erfährt es Sicherheit: »Ich werde nicht allein gelassen, Mama kommt gleich wieder.« Wenn Sie Ihr Kind wieder begrüßen, können Sie winken mit einem »Hallo, da bin ich wieder.«

ANNE MIT MIRJA (10 Monate): »Seitdem ich Mirja Bescheid gebe, wenn ich mich von ihr entferne, ist sie viel ruhiger geworden. Es ist so, als ob sie schon verstehen würde, dass ich gleich wiederkomme.«

MICHAELA MIT ANTONIA (20 Monate): »Ich konnte meine Tochter auf den Arm der Erzieherin geben und mich dann gut von ihr verabschieden. Antonia kannte dieses Ritual. Wir haben uns immer zugewunken. Ich glaube, es war wichtig für sie, dass sie eine Bezugsperson gespürt hat, von der sie auf den Arm genommen wurde. Es war auch wichtig, dass ich immer wieder die Gebärde ›WARTE hier auf mich‹ gezeigt habe. Sie kannte dieses Ritual schon und wusste, dass ich wiederkommen würde.«

ETWAS DREHT SICH

Drehe deinen gestreckten Zeigefinger kreisförmig in der Luft.

Bei vielen Babys hängt ein Mobile über dem Wickeltisch oder dem Bett. Babys richten ihre Aufmerksamkeit sehr früh auf Bewegungen, die sie in ihrer Umwelt entdecken. Eine gute Gelegenheit dafür ist die vielseitige Gebärde DREHEN. Sie können alle Dinge benennen, die sich drehen: das Mobile, die laufende Waschmaschinentrommel, ein Windrad im Blumenkasten oder die Rotoren des Hubschraubers am Himmel.

Benennen Sie das, wofür Ihr Kind sich interessiert.

KATJA MIT NICO (9 Monate): »Über Nicos Wickeltisch hängt ein Mobile. Er mag es, wenn ich es zum Drehen anstupse. Neulich hob er seinen Arm zum Mobile. Ich konnte erkennen, dass er meine Drehbewegung versuchte nachzumachen. Seine Bewegungen sahen zwar eher wie ein Hin und Her aus als ein Drehen. Seine Botschaft war allerdings eindeutig: Ich sollte dem Mobile einen erneuten Stups geben, damit es sich wieder drehte.«

MAMA

Tippe zweimal mit der geschlossenen Hand an deine Wange.

Betonen Sie die Worte Mama oder Papa mit einer Gebärde, wird Ihr Baby einen ganz besonderen Vorteil daraus ziehen können: Es kann nämlich damit nach Ihnen rufen, auch wenn es gerade traurig weint oder wütend brüllt. Denn lautes Weinen oder Schreien sind zusammen mit Gebärden möglich.

PAPA

Tippe mit den Fingerspitzen der geraden Hand zweimal auf dein Kinn bzw. deine Unterlippe.

BAUM

Eine Hand stützt den Ellenbogen des anderen Armes. Der gerade Arm dreht die offene Hand, wie die Krone eines Baumes.

Ein ungewöhnliches Wort für die Kleinsten? Aus der Perspektive eines Babys ist es das nicht. Denn Babys blicken ja häufig in Bäume, wenn sie auf dem Rücken liegend im Kinderwagen umhergefahren werden. Halten Sie doch einfach einmal an und erzählen Sie Ihrem Baby, was es dort oben sehen kann.

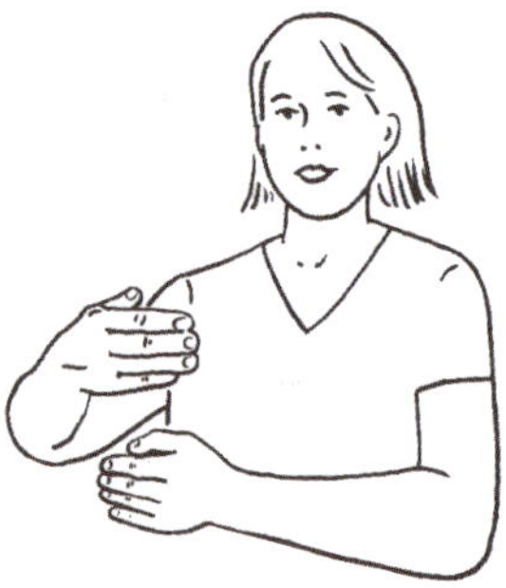

TRAGEN

Beide Arme federn als Ankündigung zum Tragen angewinkelt vor dem Oberkörper.

Hintergrundwissen: Hören und Lallen

Für Ihr Baby ist jetzt die körperliche Nähe zu einer wichtigen, vertrauten Bezugsperson bedeutsam, damit es sich aufgehoben, geborgen und sicher fühlt. Diese (Ver-)Bindung bildet die Basis für die weitere gute seelische und körperliche Entwicklung des Kindes. Eine sichere Bindung ist hilfreich für jegliches Lernen, sei es eine gute Bewegungsentwicklung oder auch die Sprachentwicklung.

Entwicklungsschritte

Ihr Baby lernt nun seine »Sprechwerkzeuge« kennen. Mit der Zunge, den Lippen und dem Gaumen probiert es deren Beweglichkeit aus – als Vorbereitung für das spätere, komplizierte Sprechen. In dieser Zeit ist es mit sich selbst zufrieden, wenn es brabbelt. Neben dem Einsatz der eigenen Stimme (Töne, Lallen, Schreien) sind der eigene Gesichtsausdruck (Mimik, Blicke, Lächeln) und generell die Körpersprache wichtige Möglichkeiten der kindlichen Kommunikation. Babys sind kommunikative Wesen. Sie teilen sich mit und lernen langsam, dass sie durch den Einsatz von Tönen oder über Bewegungen etwas erreichen können. Vielleicht kommen Sie zu ihm, wenn es einen bestimmten Ton macht? Vielleicht geben Sie ihm ein Spielzeug, wenn es mit den Armen rudert? Für Ihr Baby ist es eine gute Erfahrung, zu spüren, dass es Sinn macht, zu kommunizieren. Es erlebt, dass es etwas erreichen kann. Vielleicht auch nur, um die Aufmerksamkeit der eigenen Mama/des Papas zu bekommen.

SILKE MIT ANTON (4 Monate): »Anton hat ein ganz bestimmtes Hüsteln entwickelt, um mit mir zu kommunizieren. Erst hüstelt er, dann guckt er verstohlen zu mir, um zu sehen, ob ich zu ihm schaue. Wenn ich gucke, lächelt er mich verschmitzt an, als ob er schon weiß, wie der Hase läuft.«

Mund- und Handmotorik stehen in einem engen Zusammenhang. Mit seinen Händen lernt Ihr Baby die Welt kennen. Es hebt seine Hände, kann sie öffnen und schließen. Es lernt, etwas festzuhalten und loszulassen. Über der Körpermitte kann es seine Hände zusammenführen. Das aktive Greifen nach Gegenständen wird gezielter. Es führt Dinge zum Mund, um sie zu erforschen. Ermöglichen Sie Ihrem Baby deshalb viele unterschiedliche Sinneseindrücke über den Mund. Lassen Sie es zu, wenn es (ungefährliche) Dinge in den Mund nimmt, um sie zu erforschen – so lernt Ihr Baby die Welt begreifen.

Hören kommt vor dem Sprechen: Ein Baby kann von Anfang an Unterschiede zwischen Lauten (ba – pa) unterscheiden. Und was versteht Ihr Baby von dem, was Sie ihm erzählen? Auch wenn es die Bedeutung einzelner Wörter noch nicht versteht, erkennt es die ihm vertraute Stimme und lernt über die Sprachmelodie die gesprochene Sprache aus seiner Umgebung als wichtige Grundlage für das spätere Sprechen kennen. Babys haben bis zum sechsten Lebensmonat das Potenzial, jede Sprache der Welt zu lernen. Erst danach beginnen sie sich auf die Laute der eigenen, vertrauten Muttersprache zu »spezialisieren«.

Frühe Kommunikation mit Babys

Für Ihr Kind ist es nicht wichtig, was, sondern *wie* Sie etwas sagen. Wichtig ist auch, dass Sie seine Signale und Kommunikationsversuche wahrnehmen und sensibel darauf reagieren. Ein Baby kann seine Bedürfnisse zunächst noch nicht über Worte ausdrücken, sondern nur über Lallen, Schreien, Bewegungen oder Blicke vermitteln. Als Eltern lernen Sie die Bewegungen, die Töne und Gesten Ihres Kindes zu »lesen« und interpretieren und geben ihnen eine Bedeutung. Das bereitet Eltern meist Freude, und das Entschlüsseln der Signale stärkt die emotionale Bindung zum Kind. In der vorsprachlichen Phase wird viel Geduld, Intuition und Einfühlungsvermögen von den Eltern gefragt. Und es gehört dazu, sich neben den Glücksgefühlen auch mal hilflos oder gereizt zu fühlen, wenn man das eigene Kind (noch) nicht versteht.

Tipps für die Sprachförderung

- Bauen Sie Blickkontakt zu Ihrem Baby auf.
- Beobachten und erkennen Sie die ersten Kommunikationsversuche (Blicke, Töne, Gesten, Lächeln) Ihres Babys. Folgen Sie seinen Interessen und Bedürfnissen und sprechen Sie in dem Maß mit Ihrem Baby, so wie es Ihnen selber Freude bereitet.
- Vergessen Sie nicht, dass Ihr Baby Zeit braucht, um zu reagieren. Haben Sie Geduld und bieten Sie Pausen an, während Sie mit ihm in Kontakt sind.
- Sprechen Sie auch jetzt schon in vollständigen Sätzen. So wird Ihr Baby mit dem Sprachrhythmus seiner Muttersprache vertraut werden.

4 Gebärden für den Anfang

Wenn Sie im Zeitraum vom 6. – 12. Lebensmonat anfangen, zu gebärden, profitieren Sie von mehreren Vorteilen. Ihr Kind hält sich (noch) häufig in Ihrem Blickfeld auf, da es sich noch nicht viel von Ihnen fortbewegen kann. Sie können also schnell Blickkontakt zu ihm aufbauen. Es ist völlig ausreichend, wenn Sie mit sechs bis zwölf Gebärden in Ihrem Alltag starten und die Gebärden öfter und über einen längeren Zeitraum hinweg zeigen. Auch die Gesten und Gebärden aus dem ersten Praxisteil (S. 43 ff.) sind für Sie interessant.

Die Aufmerksamkeit …

In dieser Zeit verändert sich die Fähigkeit des Kindes, aufmerksam zu bleiben. Zwar ist die Spanne häufig noch sehr kurz und sprunghaft, aber nachdem ein Kind sich zunächst nur mit einer Sache beschäftigen konnte (entweder ich untersuche das Spielzeug in meiner Hand oder ich schaue zu meiner Mutter), lernt es nun, gemeinsam mit der Mutter die Aufmerksamkeit auf etwas zu richten. Sein Blick kann nun zwischen Mutter und Spielzeug hin und her pendeln. Wie schon mehrmals betont, achten Sie bitte auf einen großzügigen Abstand Ihrer Hände zum Gesicht des Babys, das ist ihm angenehmer beim Sehen. Anders als beim Sprechen und Flüstern, wo wir intuitiv Nähe aufbauen und aneinander heranrücken, darf beim Gebärden ruhig ein bisschen Abstand zwischen Ihren Händen und den Augen des Kindes sein – zirka ein bis eineinhalb Meter.

Die Handbewegungen des Kindes …

Bewegungen der Hand werden nun feiner und gezielter. Babys lernen zu winken und ihren Zeigefinger auf etwas zu richten. Viele Bewegungen der Hände sind noch unwillkürlich und gestisch, allerdings lassen sich auch jetzt schon gezielte Handbewegungen erkennen, mit denen Ihr Baby auf etwas zeigt, was es sieht oder haben möchte. Besonders beliebt bei Kindern sind Fingerspiele oder Lieder, zu denen Handbewegungen gehören. Sie schauen dann aufmerksam zu. Achten auch Sie auf die Handbewegungen Ihres Babys. Geben Sie zufälligen Handbewegungen eine Bedeutung, so als ob Ihr Kind etwas Konkretes damit sagen wollte. Wann Ihr Kind selbst anfängt, zu gebärden, hängt davon ab, in welchem Lebensmonat Sie begonnen haben, mit dem Kind zu gebärden.

PRAXISTEIL 2:
6.–12. Lebensmonat

Viele Eltern beginnen zu gebärden, wenn das eigene Kind im Alter zwischen sechs und zwölf Monaten ist. Sie finden in diesem Praxisteil viele Gebärden, durch die besonders Babys große Motivation entwickeln können, auch selber zu gebärden. Ebenfalls finden Sie die Gebärden, nach denen ich am häufigsten gefragt werden: Gebärden, die Eltern interessant finden.

MAIKE MIT NELE: »Mit meiner Tochter habe ich zwei *babySignal*-Kurse besucht. Zu Beginn war Nele etwa sechs Monate alt. Wir haben die ganze Zeit über fleißig gebärdet. Seit mittlerweile mehreren Monaten, Nele ist jetzt achtzehn Monate alt, zeigt sie viele Zeichen. Angefangen hat es mit AN und AUS, da waren wir noch im Kurs. Dann kam HUND für so ziemlich alle Lebewesen hinzu. Mittlerweile zeigt sie ESSEN, TRINKEN, SCHLAFEN, WICKELN und BADEN. Sie benutzt auch regelmäßig eine Menge selbst erfundener Gebärden und spricht dazu. Für uns alle sind Gebärden ein ganz selbstverständlicher Teil des Alltags geworden. Ich wundere mich manchmal, wenn andere das kommentieren, weil ich es für so normal halte und gar nicht mehr bemerke. Kommentiert wird es oft von Erzieherinnen in der Krippe, von Freunden und aus unserer Familie. Alle finden es total klasse.«

MONIQUE MIT THORE (16 Monate): »Wir gebärden nicht viel, und ich verstehe meinen Sohn oft nicht. Trotzdem haben wir durch das Gebärden eine andere Ebene der Kommunikation erreicht als ohne Gebärden. Er versteht vieles wie WARTE oder auch NEIN besser durch die Zeichen. Das macht das Leben schon manchmal einfacher, da er noch kaum redet.«

Gebärden-Favoriten für Babys und Eltern

AN (mögen Babys)

Öffne die Faust kraftvoll mit gestreckten Fingern.

Setzen Sie sich dicht an eine Lampe. Schalten Sie die Lampe AN und AUS. Ihr Baby schaut in das Licht. Halten Sie Ihre Hand in das Blickfeld – und zwar zwischen Lampe und Gesicht des Babys. »Ja, das Licht ist AN. Jetzt ist es wieder AUS.« Auch der Staubsauger, der Föhn, die Kaffeemaschine oder das Radio gehen auf diese Weise an. Begleiten Sie Ihre alltäglichen Aktivitäten mit Worten und betonen Sie das wichtigste Schlüsselwort in einem Satz jeweils mit einer Gebärde: »Gleich mache ich den Föhn AN. Gleich wird es laut.«

MAIKE MIT NELE (9 Monate): »Ich gebärde mit Nele schon seit drei Monaten. Am Anfang passierte eine Weile noch gar nichts, sie staunte nur über meine Handbewegungen. Dann fing sie an zu winken. Nicht nur einmal. Nein, sie winkte ununterbrochen. Es war sehr süß. Und jetzt macht sie ihre erste Gebärde. Sie sieht eine Lampe, und es ist eindeutig. Sie streckt ihren Arm zum Licht und öffnet ihre Faust AN. Sie erzählt uns damit, was sie sieht. Das ist beeindruckend. Sie ist ja erst neun Monate alt.«

IRIS MIT GRETA (10 Monate): »Greta und ich haben unseren ersten *babySignal*-Kurs gerade erst beendet und sind noch ganz am Anfang. Sie ist jetzt zehn Monate alt. AN und AUS faszinierte sie sehr. Es war auch das erste Zeichen, was ich bei ihr so etwa vor zwei Wochen sehen konnte (›AN‹ ist natürlich spannender). An ihrem Gesicht kann ich sehen, dass sie Worte und Zeichen versteht, aber sie fängt gerade erst an, mit ihren Händchen diesbezüglich zu experimentieren.«

AUS (mögen Babys)

Schließe die gestreckten Finger zur Faust.

Abendliches Ritual: Vor dem Insbettbringen tragen Sie Ihr Baby durch die Wohnung und schalten gemeinsam die Lichter aus. Es wird großen Spaß daran haben und sich immer mehr beteiligen. Mit zunehmendem Alter wird es das Licht selber ausschalten wollen.

Schon die Kleinsten möchten verstehen, was um sie herum passiert. Erwachsene beziehen ihr Baby mit in das Geschehen ein, wenn sie ihm sagen, was sie als Nächstes vorhaben. Der Vorteil für das Baby: Es lernt Zusammenhänge besser kennen und verstehen. Gebärden sind dabei ein unterstützender Teil.

KATRIN MIT EMMA (11 Monate): »Ich habe Emma öfter die Gebärde AUS gezeigt, wenn wir gemeinsam das Licht ausgemacht haben. Jetzt, drei Wochen später, ich weiß nicht, ob ich mir das einbilde oder nicht, da sagte ich das Wort ›aus‹ in einem anderen Zusammenhang. Emma schaute gleich an die Decke.«

MUSIK & SINGEN (mögen Babys)

Die Hände schwingen vor der Körpermitte – voneinander weg, aufeinander zu. Die Zeigefinger sind gestreckt.

Eltern, die gerne singen, selber Musik machen oder Musik hören und Gebärden damit kombinieren möchten, können es sich leicht machen. Zeigen Sie einfach, während Sie ein Lied singen oder Musik hören, die Gebärde SINGEN/MUSIK dazu. Ihre eigenen Bewegungen werden Sie bestimmt an die Art eines Dirigenten erinnern.
Möchten Sie einzelne Worte im Liedtext mit Gebärden untermalen, suchen Sie sich die passenden Gebärden über das Register dieses Buches heraus. So können Sie Ihr Lieblingslied für Ihr Kind mit einer oder mehreren Gebärden »anreichern«. Gebärdet man viele Worte hintereinander, erinnert dies an ein kleines Musical und macht auch den Großen Spaß. Ebenfalls können Sie MUSIK gut mit der Gebärde AUS kombinieren, wenn ein Lied zu Ende ist.

Gebärden können auch einhändig gezeigt werden.

BIRGIT MIT RIKE (12 Monate): »Wir waren in einem Geschäft zum Einkaufen. Rike saß in ihrem Buggy und zeigte plötzlich die Gebärde für MUSIK und SINGEN. Erst in diesem Moment wurde mir bewusst, dass im Geschäft leise Hintergrundmusik gespielt wurde, wie dies heutzutage häufig in Kaufhäusern üblich ist. So hat Rike mir gesagt, dass sie Musik erkannt hat.«

WEG (AUCH: ALLE – ALLE) (mögen Babys)

Halte deine gestreckten Hände mit der Fläche nach oben vor dir in deiner Körpermitte. Ziehe die Arme kraftvoll seitlich weg.

Etwas oder jemand ist aus dem Sichtfeld des Kindes verschwunden. »Der Ball ist WEG!« »Ja, Mama ist WEG, sie kommt gleich wieder.« Eine kraftvoll ausgeführte Gebärde, die häufig verwendet werden kann. Babys lieben sie, weil es sie sehr fasziniert, dass Dinge verschwinden können.

NOCHMAL? (mögen Babys)

Halte deine Hand mit gestrecktem Zeigefinger und dem Handrücken zu dir in lockerer Entfernung auf Brusthöhe. Drehe das Handgelenk.
Gesichtsausdruck: **Ziehst du deine Augenbrauen dabei hoch, stellst du eine Frage.**

Stark motiviert, ein Wort zu sprechen oder eine Gebärde zu zeigen, sind Babys, wenn sie etwas haben oder etwas noch einmal erleben möchten. Besonders nützlich für ein Kind kann daher die Gebärde NOCHMAL sein. Betonen Sie erneut nur das Schlüsselwort NOCHMAL. Gebärden Sie nicht zu schnell. »Soll ich NOCHMAL für dich singen?« »Möchtest du, dass ich die Seifenblasen NOCHMAL puste?« »Magst du NOCHMAL rutschen?« Die Gebärde NOCHMAL ist motorisch für die Kinder nicht die einfachste, da sie den Zeigefinger abspreizen und das Handgelenk drehen müssen. Einige Kinder drehen die geöffnete Hand, ohne den Finger abzuspreizen. Dass es sich dennoch lohnt, die Gebärde zu wiederholen, zeigen folgende Beispiele:

IRIS MIT GRETA (10 Monate): »Ganz klasse war es gestern. Sie saß im Wippstuhl, und ich gab ihr ab und zu einen kleinen Stups. Als ich aufhörte, reckte sie strahlend ihren Zeigefinger in die Höhe und zeigte die Gebärde NOCHMAL. Ich reagierte sofort und gab der Wippe erneut einen Stups. Das Ganze wiederholte sich vier bis fünf Mal, bis sie genug hatte. Was mich am meisten gerührt hat, war ihre wachsende Freude dabei. Sie war offensichtlich ganz aus dem Häuschen, weil ich verstand, was sie wollte.«

KATRIN MIT AMELIE (18 Monate): »Einige Gebärden kamen erst Monate später, nachdem wir angefangen hatten, die Gebärden zu zeigen. Ich habe schon gar nicht mehr damit gerechnet, dass Amelie sich an die Gebärden erinnern würde. Ich habe sie selber auch nur noch sporadisch benutzt. Zum Beispiel die Gebärde NOCHMAL. Es war beim Turnen und Rumtoben. Sie fand das Toben ganz toll. Da zeigte sie es plötzlich! Sie wollte es NOCHMAL!«

Wie Sie Ihr Kind locken können, zu gebärden …

Wenn ein Kind etwas unbedingt NOCHMAL haben oder NOCHMAL machen will oder etwas NOCHMAL erleben möchte, hilft diese Gebärde dem Kind zur Erfüllung seiner Wünsche. Stellen Sie sich vor, Sie kitzeln Ihr Baby, und es jauchzt und gluckst dabei. Sie kitzeln es immer und immer wieder. Ihr Baby lacht weiter und freut sich, dass Sie ohne zu zögern weitermachen. Nun möchten Sie die Gebärde NOCHMAL zeigen. Anstatt direkt weiterzukitzeln, lassen Sie eine kleine Pause entstehen. Sie schauen Ihr Kind an und fragen ganz naiv: NOCHMAL? Du möchtest, dass ich dich NOCHMAL kitzele? Erst danach geht es weiter im Spielfluss. Diese Unterbrechung können Sie immer länger ausdehnen. Später wird Ihr Kind diese Pause nutzen, um seinen Wunsch mitzuteilen (wenn der Wunsch auch wirklich groß genug war). Erwarten Sie am Anfang keine Gebärde als Antwort, aber geben Sie mindestens so viel Raum, dass eine Reaktion möglich gewesen wäre.

MILCH (mögen Babys)

Mache deine Hände mit kleinem Abstand vor deinem Oberkörper zur Faust, strecke deine Daumen nach oben. Schwinge deine Hände im Wechsel hoch und runter.

Ob aus der Brust oder aus der Flasche: Babys bekommen Milch. Zeigen Sie die Gebärde regelmäßig vor dem Stillen oder bevor Sie Ihrem Kind die Flasche geben. So begreift Ihr Kind den Zusammenhang zwischen Ihrer Handbewegung und der darauf folgenden Erfahrung des Milchtrinkens. Wenn das Kind die Gebärden zunächst nicht genauso nachmacht, ist das normal. MILCH wird von Kindern auch mit gestreckten Zeigefingern (statt Daumen) oder mit sich öffnenden und schließenden Fäustchen nachgeahmt werden.

CARO MIT LUIS (9 Monate): »Ich finde, viele Gebärden sind sehr einfach. Wenn mein Mann mir die Gebärden nach dem Kurs zeigt, kann ich mir viele sofort merken, weil sie so logisch sind. Ich zeige Luis schon eine Weile die Gebärde Milch. Mittlerweile muss er die Flasche gar nicht mehr sehen. Er weiß genau, dass ich ihm gleich die Flasche hole, er reagiert sofort mit Vorfreude und Aufregung. Daran merke ich, welche Auswirkungen es auf ihn hat, dass wir mit ihm sprechen und gebärden. Das hätte ich nicht gedacht.«

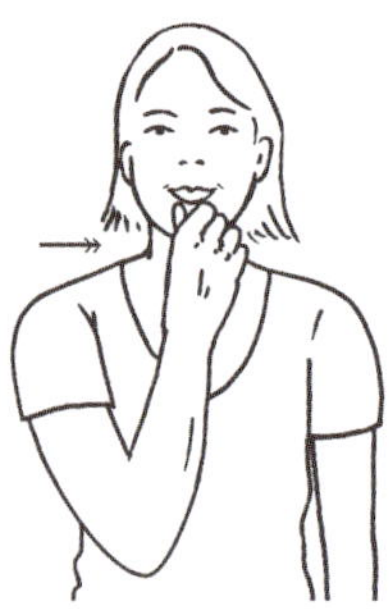

ESSEN (mögen Eltern)

Schließe die Hand locker zur Faust. Tippe zweimal mit Daumen und Zeigefinger leicht an deinen Mund.

Kündigen Sie das Essen mit der Gebärde an, bevor Sie Ihrem Kind etwas zu ESSEN geben, denn noch ist es aufmerksam. Es hat sein »Ziel«, das Essen, noch nicht erreicht. Ist es dann mit Abbeißen, Knabbern oder Kauen beschäftigt, interessiert es sich nicht mehr unbedingt für die Gebärde. Natürlich kann man auch das eigene Tun genüsslich kommentieren und sich noch zusätzlich den Bauch reiben: »Mhh, ich ESSE. Das ist LECKER.«

Es wäre nicht im Sinne von *babySignal,* dem Kind nur dann sein Essen zu geben, wenn es vorher die »richtige« Gebärde gezeigt hat. Wenn ein Baby auf etwas Essbares zeigt, sprechen Sie die Worte aus, die Ihr Kind sagen würde, könnte es schon sprechen. »Du möchtest etwas ESSEN? Ich gebe dir dein ESSEN.« Die Gebärden kommen von alleine dazu.

KRISTOF MIT FRIDA (13 Monate): »Während des *babySignal*-Kurses waren wir ehrlich gesagt noch immer etwas skeptisch, was den tatsächlichen Nutzen angeht – mittlerweile gebärdet Frida aber ständig. Vor allem die Gebärde ESSEN hat uns schon viel Geschrei erspart. Frida liebt außerdem die Gebärde PFERD (siehe S. 112) und reagiert auch schon auf das gesprochene Wort.«

TRINKEN (mögen Eltern)

Halte ein imaginäres Glas in deiner Hand und trinke daraus.

Diese Gebärde ist sinnvoll, wenn Sie selber etwas trinken und Ihr Kind Sie beobachtet oder wenn Sie Ihr Kind fragen: Möchtest du etwas TRINKEN? – Es gibt viele Situationen, in denen Sie diese Gebärde einführen können. Sie kann beim Baby zu Beginn wie eine Drehbewegung der Hand aussehen – vielleicht vor dem Gesicht, vielleicht daneben.

MONIQUE MIT THORE (16 Monate): »Wenn Thore etwas haben will, dann hält er beide Hände ausgestreckt vor sich hin. Wenn er etwas zu essen oder zu trinken will, dann steckt er den Zeigefinger in den Mund. Wenn er genug getrunken hat, dann schiebt er mit der Hand die Flasche oder den Becher weg, auch wenn er sie vorher nicht festgehalten hat. Das ist alles sehr eindeutig.«

SCHLAFEN (mögen Eltern)

Lege die Hand flach an deine Wange. Neige den Kopf zur Seite.

Wenn Ihr Baby müde wird und Sie es zum Schlafen ins Bettchen oder in den Kinderwagen legen, kommentieren Sie dies mit der Gebärde SCHLAFEN. »Bist du müde? Hier kannst du SCHLAFEN.«

KATRIN MIT AMELIE (12 Monate): »Amelie isst täglich zur gleichen Zeit zu Mittag und macht anschließend Mittagsschlaf. Etwa drei Wochen nach der ersten Stunde *babySignal* bekamen wir vormittags Besuch, und Amelie sah zu ihrer normalen Essenszeit sehr müde aus. Ich fragte sie mit den entsprechenden Gebärden, ob sie jetzt lieber ESSEN oder zuerst SCHLAFEN möchte. Ihre Antwort war klar: Sie legte den Kopf leicht zur Seite und legte die Hand ans Ohr. Daraufhin legte ich sie in ihr Bett. Ohne zu murren ist sie sofort für 1 ½ Stunden eingeschlafen und hat erst anschließend zu Mittag gegessen. Die Frage, ob Amelie müde ist, hat sie inzwischen (wieder zwei Wochen später) mehrfach mit der entsprechenden Gebärde beantwortet, und fast immer ist sie danach auch prompt eingeschlafen.«

Es bleibt Ihnen überlassen, ob Sie die Gebärden mit der linken oder rechten Hand zeigen. Jeder hat seine Vorliebe, so wie Rechts- oder Linkshänder.

AUSRUHEN

Bewege Zeige- und Mittelfinger von der Mitte zur Seite ruhig nach außen.

Wenn Sie Ruhe oder Beruhigung in eine Situation bringen möchten, hilft Ihnen diese Gebärde. Sie wird auch im Kinderlied »Müde Maus« (S. 130) verwendet.«

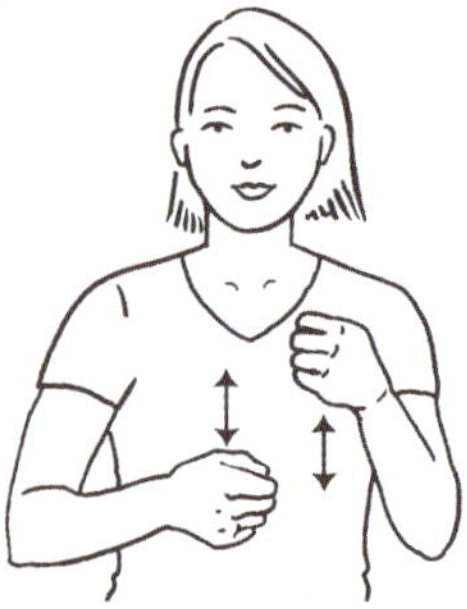

BADEN (mögen Eltern)

Reibe die Fäuste abwechselnd am Brustkorb auf und ab.

Wenn Mama ankündigt: »Gleich wirst du BADEN« und das Baby vielleicht gerade auf dem Wickeltisch liegt, bietet es sich an, direkt auf dem (nackten) Oberkörper des Kindes BADEN zu gebärden. So fühlt Ihr Baby die Gebärde zusätzlich am eigenen Körper, bevor es im warmen Wasser gebadet wird.

FERTIG! (mögen Eltern)

Überkreuze deine senkrecht und gestreckt gehaltenen Hände und tippe die Handkanten zweimal aufeinander.

Babys erkennen häufig noch nicht, wo eine Aktivität anfängt und wo sie wieder aufhört. Alles ist im Fluss, und Geschehnisse reihen sich aneinander. Mit dieser Gebärde können Sie verdeutlichen, wo eine Aktivität zu Ende ist. Zeigen Sie FERTIG – und Sie geben Ihrem Kind eine Art Wegweiser. Es erfährt Orientierung. Nach dem Wickeln sind wir FERTIG, mit dem Essen sind wir FERTIG, nach dem Fingernägelschneiden sind wir FERTIG. Diese Gebärde nachzumachen, ist nicht so einfach für kleine Kinderhände, aber auf dem Weg dorthin hat das Kind schon viel darüber gelernt, dass Aktivitäten ein Ende haben.

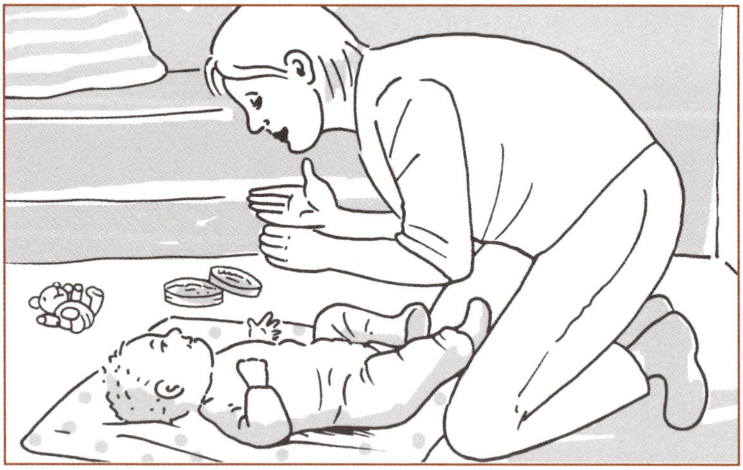

HEISS! (mögen Eltern)

Ziehe deine gestreckten Finger vom Mundwinkel über die Wange zu einer Faust neben dem Gesicht. Die Berührung deiner Wange ist nicht nötig, darf aber sein.

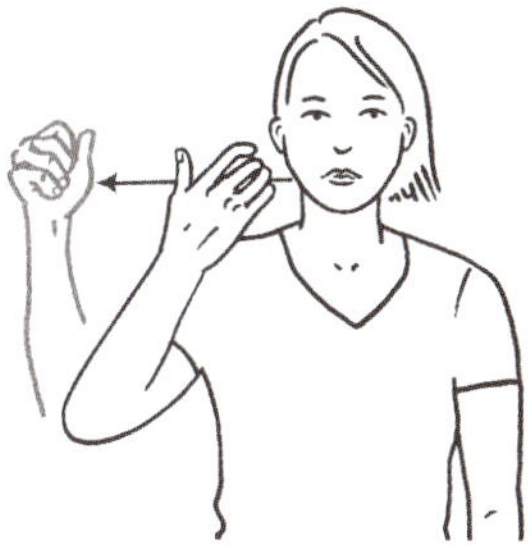

Woher wissen Babys, dass etwas HEISS ist? Erklären Sie es Ihrem Kind! Gebärden Sie mit der einen Hand HEISS, während Sie mit der anderen eine Tasse heißen Tee vom Kind fern halten. Gebärden Sie HEISS, wenn Sie ein frisch gekochtes Ei essen. Vielleicht darf Ihr Kind das Ei auch mal vorsichtig berühren?

WO? (mögen Eltern)

Halte deine offenen Hände mit der Handinnenfläche nach oben vor dir. Bewege die Hände seitlich hin und her. Gesichtsausdruck: Ziehe fragend die Augenbrauen hoch, um zu sagen: Wo ist etwas?

Die erste Frage, die Eltern häufig ihrem Kind stellen, lautet: WO? Beispielsweise lässt sich beim Suchen von Nase, Mund und Augen einfach fragen: WO ist deine Nase? WO sind deine Augen? Auch in Situationen, in denen etwas verschwunden (WEG) (siehe S. 59) ist, schließt sich die Frage nach dem WO? an. WO ist denn dein Teddy?

Die ersten Tiergebärden (mögen Babys)

Ganz gleich, ob Babys die ersten Tiere über ein Kuscheltier, über Fotos und Bilder oder direkt in der Natur kennenlernen: Tiere sind ein Erlebnis. Wählen Sie sich jene Tiergebärden aus, die im Alltag Ihres Kindes zu sehen, zu hören und hautnah mit Tier oder Kuscheltier zu fühlen sind. Falls Sie in dieser Auswahl nicht die passenden Tiergebärden finden: Tiere in der Natur, auf dem Bauernhof, im Zoo und im Wald werden im vierten Praxisteil beschrieben (S. 110 ff.).

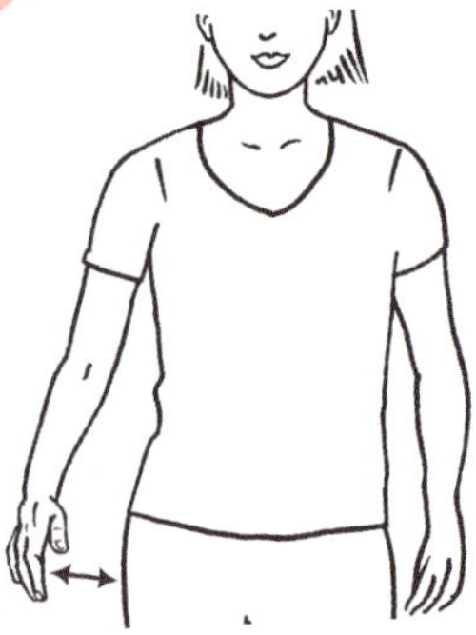

HUND

Klopfe mit der flachen Hand auf deinen Oberschenkel.

CAROLA MIT JANA (14 Monate): »Hunde begeistern Jana seit jeher. Ich habe bei einem Spaziergang aus Jux das Hecheln des Hundes nachgemacht und die Gebärde Hund dazu gezeigt. Es hat sie gleich fasziniert und begeistert, meinen Ausdruck zu sehen. Nach ein oder zwei Tagen kam sie mit einem Memorybild und gebärdete spontan HUND. So habe ich auch andere Gebärden eingeführt, von Dingen, die sie mag: PFERD, AUTO, VOGEL …«

WAU WAU

Halte deine Faust vor deinen Mund. Öffne sie (mehrmals). Streck dabei kräftig alle Finger.

ANNE MIT LEA (11 Monate): »Es ist einfach wahnsinnig niedlich. Ich hätte niemals gedacht, dass mein Kind mich schon mit acht oder neun Monaten versteht. Ich dachte, das kommt alles erst viel später, wenn es anfängt zu sprechen. Und nun kann ich beobachten, wie Lea mir erzählt, wie sie die Welt sieht. Am liebsten mag sie die Zeichen für Tiere. Wenn sie einen Hund sieht, öffnet sie ihre Faust vor dem Mund. Das ist kein Zufall, es stimmt immer, da läuft dann auch tatsächlich ein Hund vorbei.«

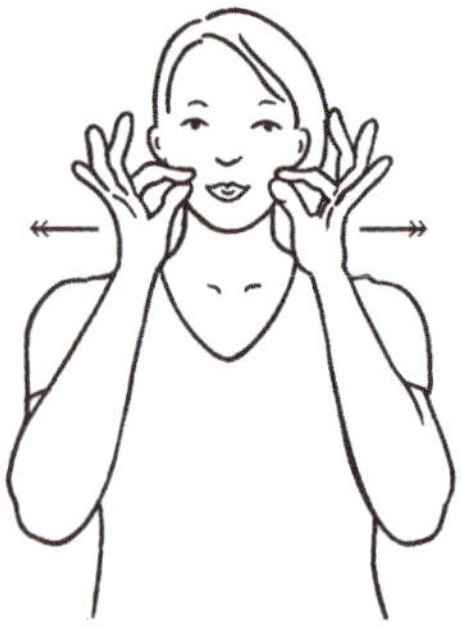

KATZE & MIAU

Berühre deine Wange und »zeichne« Katzenhaare (einen Katzenbart) in die Luft. Daumen und Zeigefinger berühren sich und formen einen Kreis. Die anderen Finger bleiben gestreckt.

Die KATZE kann auch als Variante am Körper des Kindes gezeigt werden. Streicheln Sie mit dem Zeigefinger vom Mundwinkel geradeaus ein wenig die Wange Ihres Kindes. Es geht darum, dass das Kind spürt, an welcher Körperstelle die KATZE gebärdet wird.

VOGEL

Strecke beide Arme weit von deinem Körper zur Seite wie ein großer Vogel, der seine Flügel schwingt. Bewege sie so, als ob du fliegen möchtest.

ANKE MIT CLARA (11 Monate): »Clara stand morgens in ihrem Bettchen und zeigte ›Vogel‹ mit einem schwingenden Arm (sie brauchte den anderen noch, um sich festzuhalten). Der Vorhang war noch zu, sie konnte die Vögel draußen im Baum nicht sehen. Dennoch konnte sie sich mir mitteilen und ›sagen‹: Ich höre die Vögel.«

PIEP PIEP

Tippe Daumen und Zeigefinger(-kuppen) vor deinem Mund aufeinander, wie einen kleinen Schnabel. Deine Lippen berühren deinen Handrücken.

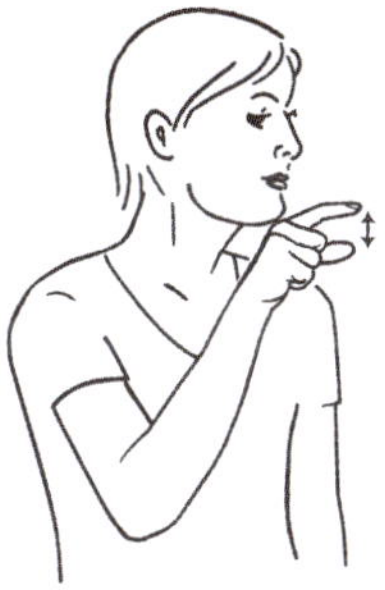

HASE

Halte deine gestreckten Hände, Handinnenflächen nach vorne, wie Hasenohren an den Kopf. Bewege die Finger winkend vor und zurück.

Diese Gebärde kann nicht nur am eigenen, sondern auch sehr gut am Körper des Kindes gezeigt werden. Halten Sie Ihre Hände einfach an seinen Hinterkopf. Auch einhändig klappt es gut. Gebärden Sie Hase in einem Buch, so halten Sie Ihre Hand mit dem Handrücken in das Buch.

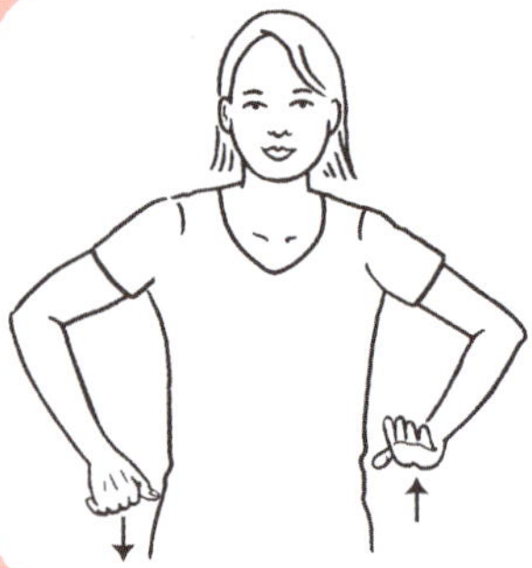

ENTE

Deine flachen Hände ahmen abwechselnd rechts und links der Hüften ein Watscheln nach.

QUAK QUAK

Halte deine Hand wie einen breiten Schnabel vor den Mund. Schnattere, indem du den Daumen mehrmals nach unten spreizt. Deine Lippen berühren deinen Handrücken.

Lassen Sie den Schnabel der Ente »lebendig« werden und albern Sie in der Nähe Ihres Kindes herum.

Jede Gebärde kann ein »Quatsch-Macher« werden, wenn Sie die Bewegung einfach übertreiben.

Hintergrundwissen: Worte sammeln und verstehen

In der kindlichen Entwicklung steht auch weiterhin die Entfaltung der Bewegungsmöglichkeiten im Vordergrund. Die Bewegungsentwicklung verläuft über einen längeren Zeitraum von Kind zu Kind sehr unterschiedlich. Die einen drehen sich, die anderen krabbeln, und die nächsten laufen schon. Wichtig ist jedoch nicht der Zeitpunkt, wann ein Kind etwas kann, sondern dass es die Chance hat, sich jeden Entwicklungsschritt selber zu erarbeiten. Sie helfen beispielsweise Ihrem Kind nicht, wenn Sie es bei den Händen nehmen, um das Laufen zu lernen. Geben Sie ihm vielmehr die Zeit, einen Schritt nach dem anderen zu lernen: Drehen, stützen, rutschen, krabbeln, stehen und schließlich der erste Schritt. Manch ein Kind übt zwei Monate, das eigene Gleichgewicht zu halten, bis es schließlich frei und alleine, ohne sich festzuhalten, den ersten Schritt nach vorne wagt.

Durch das Nachahmen der Gebärden wird bei den Kindern die feinmotorische Entwicklung der Hände angeregt.

Entwicklung der grob- und feinmotorischen Fähigkeiten – oder: Warum Babys schon vor dem Sprechen gebärden können

Zunächst entwickeln sich die grobmotorischen Bewegungsmuster (Krabbeln, Stehen, Laufen), während sich die feinmotorischen Bewegungen (dazu gehört auch sprechen können) beim Kind festigen. Bewegungen der Arme und Hände sind im Vergleich zum Sprechenlernen zunächst grobmotorische Bewegungen. Darin ist auch der Schlüssel zum Gebärden zu sehen: Gebärden sind eher grobmotorische Bewegungen und können von Babys daher schon gezeigt werden, bevor sie Worte sprechen können. Nehmen wir wieder einmal das Beispiel Vogel. Sie strecken Ihre Arme zu beiden Seiten aus und schwingen sie. Das ist einfach! Nun sprechen Sie das Wort »Vogel«. Sie brauchen einen kontrollierten, gepressten Luftstrom für den Anfangsbuchstaben »V«, darauf folgend ein leichtes »o«, ein schweres »g« und Kraft in der Zunge, um am oberen Gaumen die Zungenspitze mit dem »l« enden zu lassen.
Zu den feinmotorischen Bewegungen gehört die genaue Bewegung der einzelnen Finger. Diese Fähigkeit entwickelt sich mit der Zeit. Gebärden bei Babys sehen daher nicht genauso aus wie bei den Eltern, die sie vormachen.

ANKE MIT CLARA (11 Monate): »Ein bestimmtes Buch hatte es Clara besonders angetan, und wir schauten die Bilder regelmäßig an, wenn sie im Stühlchen saß. Die Giraffe, der Pinguin und viele Tiere mehr. Die Bewegung, mit der man die Giraffe zeigen kann, ist so einfach. Für meine Tochter, die auch schon andere Gebärden konnte, eine Leichtigkeit, dies nachzuahmen: einfach den langen Arm in die Luft strecken. Das tat sie! Und zwar immer nur dann, wenn wir eine Giraffe gesehen haben oder wenn sie das Wort von mir gehört hatte. Ich konnte etwas über ihre Gedankenwelt mitbekommen, was mir sonst verborgen geblieben wäre. Denn das Wort Giraffe konnte sie erst sprechen, als sie schon zwei Jahre alt war. Es war wohl ein schwieriges Wort für sie.«

Frühe Kommunikation mit Babys

Die Kommunikation zwischen Mutter und Kind ist stark an die aktuelle Handlung gebunden. Mütter begleiten die tägliche Routine mit Worten und wiederholen diese häufig. Dadurch erkennen Babys, dass Worte etwas mit alltäglichen Aktivitäten zu tun haben. Ungefähr um den achten Lebensmonat herum haben Babys begriffen, dass Gegenstände, Personen oder Tätigkeiten einen Namen haben. Dadurch ist ein wichtiger Meilenstein in der Sprachentwicklung erreicht. Babys sammeln die Worte, die sie hören, und lernen, dass es eine Verbindung zwischen einer Erfahrung und einem Wort gibt. Kinder lautieren und bilden lange Lautketten, wie »mamamama« oder »babababa«. Sie verbinden auch bestimmte Merkmale mit Worten. Etwas kann fliegen (Vogel, Flugzeug), etwas läuft auf vier Beinen (Katze, Hund), jemand versorgt mich (Mama, Frau). Es kann passieren, dass ein Kind VOGEL gebärdet, aber ein Flugzeug meint, weil beides fliegen kann.

Tipps für die Sprachförderung

- Beobachten und erkennen Sie die wachsenden Möglichkeiten Ihres Kindes, zu kommunizieren, und freuen Sie sich darüber! Folgen Sie seinen Interessen, seinem Blick und seinen zufälligen Gesten.
- Sprechen Sie mit Ihrem Baby, so wie es Ihnen Freude bereitet. Lenken Sie die Aufmerksamkeit auch auf Dinge, die Sie beide gemeinsam sehen oder hören können. Akzeptieren Sie die kurze Aufmerksamkeitsspanne Ihres Kindes.

- Das richtige Wort zur richtigen Zeit. Benennen Sie Dinge oder Tätigkeiten im aktuellen Zusammenhang, wenn Sie etwas tun.
- Legen Sie Pausen ein und hören Sie Ihrem Kind zu, wenn es etwas erzählt. Antworten Sie auf seine kleinen Kommunikationsversuche und warten Sie erneut. Es kann so zu einem Dialog zwischen Ihnen und Ihrem Kind kommen – in dem Sie sich beim Erzählen abwechseln. Ein erster Dialog kann auch nonverbal entstehen, etwa darüber, dass Sie abwechselnd mit Ihrem Baby mit den Händen auf den Boden klopfen. Auf eine zufällige Bewegung des Kindes, wenn es mit seiner Hand auf den Boden klopft, antworten Sie dann ebenfalls mit einem Klopfen. Ich klopfe, du klopfst. Wir wechseln uns ab.
- Spiele für die Mundmotorik machen Spaß und fördern die Beweglichkeit von Zunge, Lippen und Atmung: Pusten, Prusten, Schnalzen und Zischen. Ebenso gehören Lautmalereien dazu, wie: huiiii, hopp-hopp, gack-gack – in Kombination mit vollständigen kurzen Sätzen: »Hoch fliegst du – huiiiii.«

5 Gebärden für zu Hause

Wenn Sie zwischen dem zwölften und achtzehnten Lebensmonat Ihres Kindes anfangen zu gebärden, wird Ihnen dies vermutlich besonders viel Freude machen. Kinder haben in diesem Alter bereits verstanden, dass Dinge, Personen oder Tätigkeiten einen Namen haben bzw. benannt werden können. In diesem Alter nutzen Kinder die Gebärden konkret, um Dinge zu benennen, die sie sehen (Hubschrauber, Hund, Giraffe), oder um eigene Bedürfnisse (Milch trinken, etwas essen, schlafengehen) auszudrücken.

Auch Eltern, die schon länger dabei sind, Gebärden in die Kommunikation mit einzubeziehen, werden nun vermutlich in den Genuss kommen, die ersten Gebärden auch beim Kind zu entdecken: Die vorangeschrittene motorische Entwicklung (insbesondere die Bewegungen der Arme, Hände und Finger) und die kognitive Reife des Kindes (das Denken) befähigen es, schnell zu verstehen und Gebärden nachzuahmen. Zudem sind Kinder generell sehr an Bewegungen interessiert, und es lässt sich die Aufmerksamkeit des Kindes leicht auf die Gebärden lenken. Beim Bücherlesen macht es besonders viel Spaß, auch einzelne Bilder, beispielsweise die Tiernamen, mit einer Gebärde zu benennen. Ebenfalls kann der Name des Lieblingsspielzeuges (Schlüssel, Telefon, Teddy, Puppe) mit einer Gebärde betont werden. Erste Zwei-Wort-Sätze aus Wort und Gebärde können auch schon entstehen.

Die Sprache der Hände kann man sehen. Wir schauen mit unseren Augen auf die Hände unserer Kinder. Mit ihren Händchen teilen sie sich mit, in einer Zeit, in der das Sprechen von Worten noch schwerfällt.

MICHAEL MIT MARA (16 Monate): »Wir haben angefangen, Mara die Gebärden zu zeigen, als sie neun Monate alt war. Schon drei Wochen später hat sie MUSIK gebärdet. Wenn wir in der Küche saßen, wollte sie beim Essen Musik hören. Nach einem weiteren Monat kam dann explosionsartig eine Gebärde nach der anderen dazu, die sie nicht nur verstanden, sondern auch aktiv angewendet hat. Das hält noch immer an. Sie hat einen Wortschatz von rund zwanzig Wörtern, die sie sprechen kann. Dazu kommen zirka siebzig Gebärden, die sie zeigt. Es vergehen nur wenige Tage, an denen nichts Neues hinzukommt. Wenn ich ihre Möglichkeiten, sich mitzuteilen, mit den Kindern aus der Krabbelgruppe vergleiche, hat sie einen wirklich anderen Kommunikationshorizont.«

ANJA MIT LINE (14 Monate): »Ich war es so leid. Das ständige Jammern ›äh-äh-äh‹ und auf etwas zeigen. Es war ein ständiges Rätselraten. Ich musste Line beim Frühstück alles hinhalten, bis ich das Richtige getroffen hatte. Durch die Gebärden und dadurch, dass ich Line nur noch zwei Alternativen angeboten habe (Marmelade oder Käse?), sind wir Schritt für Schritt davon weggekommen.

Sie lernte ein paar Gebärden und vor allem lernte sie, dass man es anders machen kann. Aber auch ich habe gelernt, es anders zu machen, und ihr nicht mehr alles vor die Nase gehalten.«

Die Aufmerksamkeit ...

Kinder können nun gemeinsam mit Mama oder Papa ihre Aufmerksamkeit auf etwas richten, beispielsweise gemeinsam ein Buch anschauen. Die Aufmerksamkeitsspanne von Kindern variiert allerdings stark. Sie ist auch vom Temperament, dem aktuellen Interesse und dem allgemeinen Wohlbefinden des Kindes abhängig. Deshalb: Folgen Sie den Interessen Ihres Kindes, auch wenn seine Aufmerksamkeit auf einen Gegenstand oder ein Thema nur kurz sein sollte. Wenn Kinder selbst aussuchen dürfen, wo und was sie erforschen möchten, lernen sie am wirksamsten. Diese für das Kind »interessanten« Dinge können von Ihnen sprachlich benannt und mit einzelnen Gebärden ergänzt werden.

Um die Aufmerksamkeitsspanne Ihres Kindes zu verlängern, versuchen Sie, sich während einer Aktivität mit Ihrem Kind mehrmals abzuwechseln.

Erkennen Sie die Kommunikationsversuche Ihres Kindes? Vielleicht blickt es auf etwas oder streckt seinen Arm nach etwas aus? Mögen es auch noch zufällige oder nicht an Sie gerichtete Äußerungen sein – geben Sie ihnen eine Bedeutung. In der Kommunikation mit Ihrem Kind können Sie sich auch jetzt schon abwechseln. Einmal ich, einmal du. So helfen Sie ihm, sich zu beteiligen. Vielleicht müssen Sie einfach ein kleines bisschen länger auf seinen Beitrag warten. Oder ist Ihr Kind eher stürmisch und weiß immer genau, womit und wie es sich beschäftigen will? Mischen Sie sich jedenfalls in seine Beschäftigung ein und fordern Sie Ihren Part ein: einmal ich und einmal du. (Möller/Spreen-Rauscher 2009)

KATRIN MIT PAUL (16 Monate): »Mit Paul konnte man kein Buch gemeinsam anschauen, weil er es nicht hergab. Ich saß nur noch passiv daneben, sah zu, wie er durch die Seiten stürmte, und fand es öde. Dann habe ich angefangen, ihm das Buch geradezu richtig aus der Hand zu nehmen. Gerade so kurz, dass ich mit ihm gemeinsam etwas angucken und ihm die Gebärde zeigen konnte, bevor ich es ihm dann gleich wieder zurückgeben ›musste‹. So haben wir uns langsam immer mehr abgewechselt, und es hat mir auch mehr Freude gemacht. Jetzt erwartet Paul von mir schon, dass ich bestimmte Gebärden bei bestimmten Bildern zeige. Das findet er toll – und ich auch.«

PRAXISTEIL 3: 12.–18. Lebensmonat

FIDES MIT LENNI (12 Monate): »Er fängt jetzt an zu gebärden, und ich flippe fast aus, weil es so unfassbar niedlich ist.«

JASMINE MIT TJAYA (12 Monate): »Tjaya gebärdet wie verrückt. Seit drei Wochen kann sie nicht nur Musik, Tatütata und Tschüss, sondern sie zeigt jetzt auch Teddy, Kuh, Pferd, Hund, Fertig, Essen, Quak-Quak für Ente, Licht, Baden und wahrscheinlich noch mehr Zeichen.«

Während des Tages

Gebärden haben den Vorteil, dass sie jederzeit während des gemeinsamen normalen Tagesablaufs benutzt werden können. Denn so wie Kinder das Sprechen nebenbei lernen, so werden auch Gebärden nebenbei gelernt.

HAUS (ZU HAUSE/NACH HAUSE)

Wie ein Dach geformt, tippen die Fingerspitzen, nach oben gerichtet, aneinander. Halte deine Hände in lockerer Entfernugn vor deinem Körper.

Die Worte ZU HAUSE oder NACH HAUSE GEHEN werden ausnahmsweise über eine vereinfachte Form und nicht mit den Gebärden aus der Deutschen Gebärdensprache dargestellt. Diese einfache Geste steht als Oberbegriff für beides. Zeigen Sie das Zeichen zunächst öfter, wenn Sie gerade nach Hause zurückkommen und vor der eigenen Wohnungs- oder Haustür stehen, beispielsweise nach einem Spaziergang oder nach dem Einkaufen. Ihrem Kind erklären Sie dazu: »Nun sind wir wieder ZU HAUSE.« Es wird mit dieser Geste die Erfahrung des Nach-Hause-Kommens verbinden. Später können Sie die Entfernung vergrößern und schon einige Minuten, bevor Sie zu Hause ankommen, das HAUS zeigen: »Gleich sind wir zu HAUSE.«

JESSICA: »Jannes war elf Monate alt, als ich anfing, ihm die Gebärde HAUS zu zeigen, immer vor der Tür beim Nachhausekommen. Schon nach kurzer Zeit strahlte er dabei gleich über das ganze Gesicht: Er hat die Gebärde und bestimmt auch ihre Bedeutung ziemlich schnell erkannt. Ungefähr zwei Monate später hat er selber HAUS zum ersten Mal nachgemacht, als wir vor der Haustür standen. Später hat er die Gebärde genutzt, um mir zu sagen, er möchte nach Hause, zum Beispiel, wenn wir zu Besuch bei anderen Kindern waren und er müde wurde. Obwohl Jannes die Gebärde HAUS lange nur mit den beiden Zeigefingern gezeigt hat, war es immer eindeutig für mich.«

GUTEN MORGEN

Öffne die gestreckten Hände (Handinnenflächen anschauen) über eine kreisende Bewegung der Arme nach oben bis zu beiden Körperseiten nach außen.

Sei es beim Aufstehen oder beim GUTEN-MORGEN-Singen: eine schöne Gebärde, um den Tag zu beginnen.

WASCHEN

***Gesicht:* Bewege eine offene Hand, als ob du dein Gesicht waschen würdest.**
***Hände:* Halte in einer Art Pantomime deine sich waschenden Hände unter laufendes Wasser.**

Die Gebärde WASCHEN verändert sich in ihrer Ausführung je nachdem, welches Körperteil (Hände oder Gesicht) gewaschen wird, oder ob sich beispielsweise Wäsche in der Waschmaschine dreht (siehe Gebärde DREHEN, S. 48). Besonders wertvoll im Zusammenhang mit Babys kann die Geste GESICHT WASCHEN sein. Die eigene, offene Hand bewegt sich dabei kreisförmig vor dem eigenen Gesicht. Kündigen Sie so Ihrem Kind an, dass Sie nun sein Gesicht waschen werden. Mit der Zeit wird es sich innerlich auf den nassen Waschlappen einstellen und ihn im Gesicht erwarten. Für das Baby verringert sich damit der unangenehme Überraschungseffekt, wenn plötzlich ein Waschlappen im Gesicht zu fühlen ist. Babys verringern ihren Widerstand und schreien dann weniger.

DUSCHEN

Öffne deine geschlossene Faust über deinem Kopf. Die gestreckten Finger symbolisieren das hinabfließende Wasser.

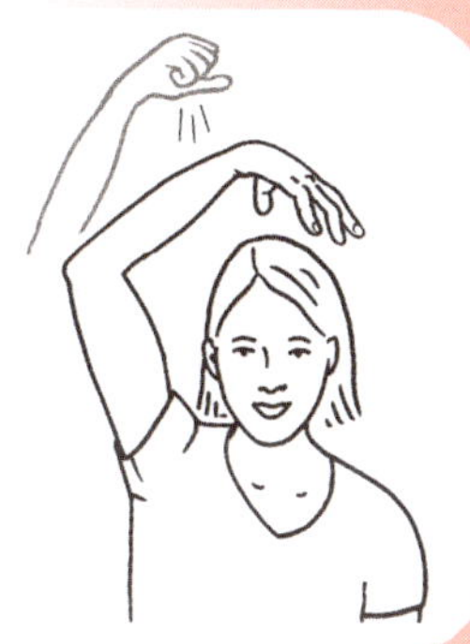

Die Gebärde DUSCHEN kündigt oft die Aktivität eines Erwachsenen an. Wenn beispielsweise Mama DUSCHEN gebärdet, »verschwindet« sie zwar aus dem Blickfeld des Kindes, aber nicht ohne dies anzukündigen. So erfährt das Baby schon früh, dass es zwar die Mutter aus den Augen verlieren wird, aber nur für eine kurze Weile, weil sie etwas Bestimmtes zu tun hat. Kombiniert mit der Gebärde WARTE! (siehe S. 46), rundet diese Ankündigung die Botschaft an das Kind ab.

WICKELN

Klopfe mit der flachen Hand auf den Windelbereich unterhalb des Bauches und kündige damit deinem Kind an, dass du nun wickeln möchtest.

Wenn Sie leicht auf den unteren Bauch klopfen, lenken Sie die Aufmerksamkeit konkret auf den Windelbereich. So können Sie sagen: »Komm, ich WICKLE dich.« Ebenso zeigen Kinder, die noch nicht sprechen können, über ein leichtes Klopfen auf ihren unteren Bauch: »Ich habe eine volle Windel« oder »Ich möchte GEWICKELT werden«. Benennen Sie ebenfalls, wenn Ihr Kind eine volle Windel hat, damit es auch selbst bald benennen kann: »KACKA« oder »Aha«.

VOLLE WINDEL ODER »KACKA«

Die Hand liegt leicht gespreizt in der Luft vor dem eigenen Oberkörper, als hätte man eine volle Windel in der Hand.

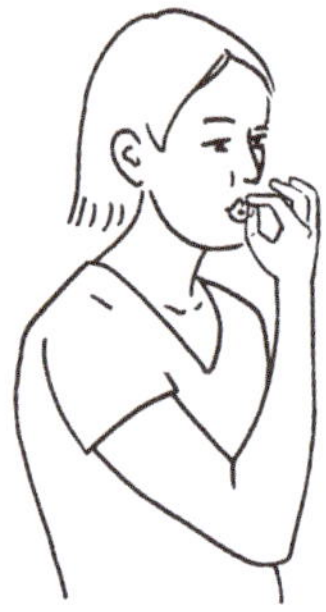

SCHNULLER

Die Fingerspitzen einer »gekrümmten« Hand tippen an deinen Mund, mit »Nuckelbewegung« der Lippen.

Die Gebärde SCHNULLER benennt, was für manches Kind von großer Bedeutung ist. Häufig wird es »jetzt und sofort« gebraucht und bringt die betroffenen Kinder in emotional schwierige Situationen, wenn sie noch auf ihren Schnuller warten müssen. Beruhigend wirkt es, wenn Mama sagt, dass sie den SCHNULLER bereits sucht und damit signalisiert, dass sie schon verstanden hat. Ein Vorteil für das Kind ist: Auch während man schreit, kann man gleichzeitig gebärden, was man braucht.

Die Gebärde SCHNULLER ist, wenn sie von Kindern gebärdet wird, möglicherweise daran zu erkennen, dass:

- eine flache Hand an den Mund gehalten wird;
- die Lippen eine spitze Nuckelbewegung machen;
- ein einzelner Finger den Mund berührt;
- die Fingerspitzen einer geraden Hand an den Mund geführt werden.

ZÄHNE PUTZEN

Bewege deinen Zeigefinger vor dem Mund wie eine Zahnbürste. Strecke dann den Zeigefinger und spiele Zähneputzen.

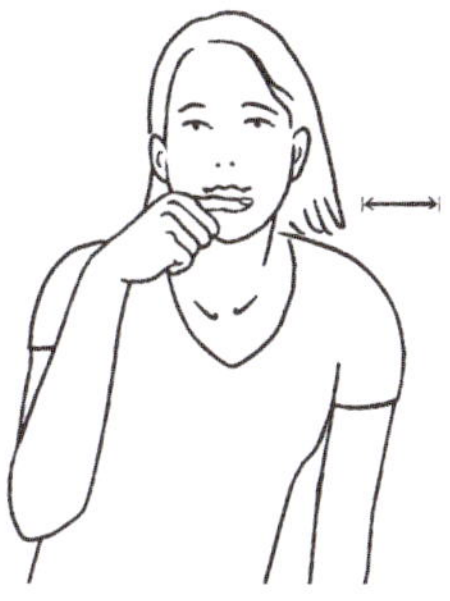

Es versteht sich von selbst, wie und wann diese Gebärde Sinn macht: kurz vor dem Zähneputzengehen. Zunächst zeigen Sie die Gebärde noch direkt am Waschbecken, bereits mit der Zahnbürste in der Hand. Die Tätigkeit und die Gebärde werden so miteinander verknüpft. Später können Sie die Abstände zum konkreten Zähneputzen vergrößern und auch in einem anderen Raum darauf hinweisen, was nun als Nächstes getan werden soll.

ARBEITEN

Beide Fäuste klopfen, leicht schräg, aufeinander.

Wenngleich es für Kleinkinder zunächst noch sehr abstrakt ist, was ARBEITEN für die Erwachsenen bedeutet, so ist es doch ein immer wiederkehrendes Erlebnis im Tagesrhythmus, dass jemand arbeiten geht. Die Bedeutung erschließt sich mit der Zeit. Spätestens dann, wenn der erste Baggerfahrer auf einer Baustelle beobachtet wird, erkennen Kinder, was es heißt, zu ARBEITEN. Aber auch im häuslichen Bereich kann die Gebärde dafür stehen, dass Mama oder Papa sich kurzfristig auf etwas anderes konzentrieren müssen (Computer/Kochen/Staubsaugen).
Für berufstätige Eltern gehört das Verabschieden zu Hause an der eigenen Tür oder bei der Übergabe zur Oma, Tagesmutter oder Erzieherin zur Routine: Umarmung, Abgeben auf einen anderen Arm, Winken, Küsschen und die Erklärung: »Ich gehe ARBEITEN. WARTE hier, nachher komme ich wieder.« Auch diese Gebärde kann Kindern Sicherheit und Orientierung schenken. Denn sie erleben, dass der Erwachsene wiederkommt und ARBEITEN nur eine vorübergehende Trennung bedeutet.

JAN MIT JOHANN (10 Monate): »Während Johanns Krabbelfortschritte noch minimal sind, hat er letzten Freitag erstmals ganz eigenständig und originell gebärdet: ›Papa geht ARBEITEN.‹ Es kam zu unserer Überraschung kurz bevor ich ihm beim Abschied morgens ›Arbeiten‹ gebärdete. Meine Frau und ich waren sehr gerührt.«

Kinder brauchen Gründe, um sich mitzuteilen

Für den Spracherwerb, vor allem das aktive Sprechen, ist es hilfreich, wenn es für Kinder Anlässe gibt zur Kommunikation. Besonders dann, wenn Kinder etwas haben wollen, zeigen sie eine große Bereitschaft, zu kommunizieren. Ob Sprechen jedoch nötig ist, hängt häufig auch vom Umfeld ab. Denn bei genauerem Betrachten mancher Alltagssituationen ist für manche der Anlass zu gebärden oder zu sprechen gar nicht gegeben. Dennoch können sie sich durchaus zu kommunikativen Momenten entwickeln.

Beim gemeinsamen Essen beispielsweise entstehen vielfältige Situationen, in denen Eltern und Kind miteinander kommunizieren. Natürlich ist es eine Erleichterung für Eltern, wenn ihr Kind Auskunft darüber geben kann, ob es etwas essen oder trinken möchte. Deshalb interessieren sich Eltern auch sehr für diese Gebärden. Im zweiten Praxisteil haben Sie die wichtigsten Gebärden ESSEN und TRINKEN bereits kennengelernt (siehe S. 62). Es sind die Oberbegriffe, die beim Breifüttern und Nudelnessen, beim Saft- oder Wassertrinken immer passen. ESSEN und TRINKEN können Sie auch zeigen, wenn Ihnen beispielsweise die Gebärden für bestimmte Lebensmittel nicht bekannt sind:

- Möchtest du Melone ESSEN?
- Magst du einen Kakao TRINKEN?

Einige ergänzende Gebärden für Lebensmittel finden Sie auf den folgenden Seiten. Beachten Sie, dass Kinder immer einen Grund brauchen, um sich sprachlich (oder mit einer Gebärde) mitzuteilen. Ich werde darauf in diesem Kapitel stärker eingehen, weil es sich anhand des Beispiels Essen und Trinken gut beschreiben lässt, was damit gemeint ist.

Schauen wir uns ein paar Beispiele genauer an:

- Ein Kind nimmt sich seine Trinkflasche selbstständig, da diese immer gut erreichbar auf dem Couchtisch steht. Variante: Die Trinkflasche steht auf der Anrichte, zu weit oben für das Kind, es kommt nicht alleine dorthin. Nun wird es in irgendeiner Form Hilfe einfordern. Über Deuten oder Hinziehen, durch die Gebärde TRINKEN oder ein erstes Wort kommuniziert das Kind.
- Das Kind ist durstig, und es bekommt von seiner Mutter ein volles Glas Wasser zu trinken. Variante: Die Mutter schenkt nur einen kleinen Schluck

Wasser in das Glas und wartet ab, ob das Kind den Wunsch äußert, noch mehr haben zu wollen. Es wird vermutlich Blickkontakt aufbauen und sich in irgendeiner Form mitteilen, wenn der Durst noch nicht gestillt ist. Nun kann die Mutter auch nachfragen: Soll ich NOCHMAL einschenken?

- Ein Kind sitzt während des Fütterns im Hochstuhl. Es wird nach dem Essen von Papa automatisch herausgehoben, ohne Ankündigung. Der Vater handelt wie üblich, aus der täglichen Routine heraus. Variante: Der Vater tut so, als ob er nicht wüsste, dass nun sein Kind aus dem Hochstuhl herausmöchte. Er wartet auf eine Regung seines Kindes und fragt gespielt ahnungslos: Was möchtest du? Möchtest du RUNTER? Dann wartet er noch ein wenig auf die Reaktion, und erst dann hebt er es heraus.
- Ein eineinhalbjähriges Kind beantwortet die Fragen der Eltern mit Kopfnicken und Kopfschütteln. Beispiel: Möchtest du einen Apfel? Das Kind nickt. Es versteht die Eltern gut, es kann auch schon Worte sprechen, aber teilt sich lieber ohne Worte mit. Die Eltern wünschen sich, dass ihr Kind mehr spricht. Variante: Die Eltern formulieren ihre Fragen anders und stellen zwei Alternativen zur Auswahl: Möchtest du einen APFEL oder möchtest du eine BANANE essen? Auch wenn der Apfel und die Banane zunächst noch in Reichweite sind und das Kind nur darauf zeigen oder blicken muss – bald schon platzieren die Eltern das Obst etwas entfernt vom Kind und sprechen und gebärden ihre Frage. Wenn ein Kind wirklich einen Apfel oder eine Banane essen will, hat es einen Grund, sich mitzuteilen. Es möchte etwas haben. Auch wenn die Eltern nur eine der beiden Worte gebärden können, geht das auch: Möchtest du einen APFEL oder eine Orange?

Babys können sich mit Gebärden aktiv am Alltagsgeschehen beteiligen – sie erzählen ihre eigenen Geschichten mit ihren Händchen.

Lebensmittel & Co.

APFEL

Deine offene Hand hält den imaginären Apfel, von dem abgebissen wird. Die Gebärde verläuft im Bogen nach vorne.

BANANE

Halte die »Banane« mit der einen und »schäle« sie mit der anderen Hand.

BRÖTCHEN

Eine Hand zeigt die Form eines runden Brötchens in die Handinnenfläche der anderen Hand. (Die Fingerspitzen berühren die Handinnenfläche der anderen Hand.)

FRANZISKA: »Das Eindrucksvollste für Felix (21 Monate) ist es, am Wochenende mit Papa und dem Fahrrad Brötchen zu holen. Felix gebärdet und spricht dann: ›Papa a-a‹ für Fahrrad und gebärdet noch Brötchen. Dann tippt er sich an den Kopf für Helm und zeigt auf seine Füße für Schuhe.«

KÄSE

Streichle mit den Fingerspitzen mehrfach abwärts über die Finger der anderen Hand.

Stellen Sie den Käse (oder andere Lebensmittel) nicht in Reichweite. Warten Sie ab, wie Ihr Kind sich Ihnen mitteilt, damit es den Käse bekommt. Zeigt es darauf? Dann fragen Sie zurück und gebärden dazu: Meinst du den KÄSE?

KEKS

Drehe die lockere Faust etwas ruckartig vom Mundwinkel weg, als ob du etwas abgebissen hättest.

WURST

Daumen und Zeigefinger berühren sich. Beide Hände bewegen sich von der Körpermitte nach außen im Halbkreis nach oben.

WASSER

Die gestreckte Hand klopft zweimal seitlich gegen das Kinn. Dort, wo der Zeigefinger ist. Der Daumen wird versteckt angelegt.

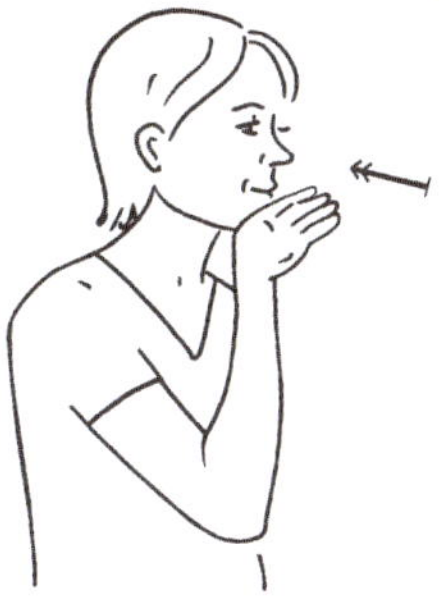

LECKER

Streichle deinen Bauch oder deinen Brustkorb.

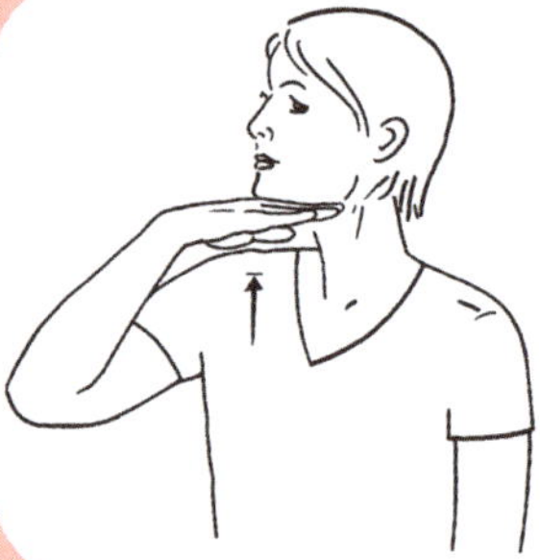

SATT

Die gestreckte Hand bewegt sich von unten an das Kinn heran und berührt dieses mit der Handrückenseite.

RUNTER (VOM STÜHLCHEN)

Deute mit dem gestreckten Zeigefinger mehrfach nach unten.

DASSELBE

Diese Gebärde entspricht der für BRUDER/SCHWESTER (S. 89). Sprechen Sie dazu einfach nur das Wort »dasselbe«. DASSELBE eignet sich für das Kind gut, um zu benennen, dass es Ähnliches wiedererkannt hat, zum Beispiel zwei Äpfel, zwei Kekse usw.

Bitte und Danke

Sie möchten, dass Ihr Kind »bitte« sagt? Sie möchten, dass Ihr Kind lernt, sich zu bedanken? An dieser Stelle spreche ich ein Erziehungsthema an. Denn die Worte Bitte und Danke würden kleine Kinder wohl nicht von alleine sagen. Am besten machen Eltern vor, wie es geht, und sprechen diese Worte auch ihren Kindern gegenüber aus.

BITTE

Führe beide Hände sanft aneinander wie beim Klatschen, allerdings lautlos.

Kinder lernen »bitte« zu sagen, wenn sie den Nutzen erkannt haben, den dieses Zauberwörtchen bringen kann. Sprich: Aus Kindersicht ist es sinnvoll, »bitte« zu sagen, wenn man das bekommt, was man haben möchte. Ganz umsonst gibt es ein zufriedenes Lächeln von Mama, Papa, Oma oder Opa dazu.

Meine Erfahrungen als Mutter mit der Gebärde BITTE sind sehr positiv. Ich empfand es allemal schöner, wenn meine Tochter ihre Hände sanft gegeneinander klatschte und mich um etwas bat, als ein jauliges »Ääh-ääh« zu hören. Es fiel mir leichter, sie zu »bedienen« – und meiner Tochter fiel es nicht schwer, BITTE zu zeigen, schon kurz nach ihrem ersten Geburtstag.

FRANZISKA MIT FELIX (20 Monate): »Wir spielten zusammen. Ich sollte Felix immer einen Keks geben. Immer wieder sagte er ›neu‹, bis ich ihm einen weiteren Keks gab. Nach einer Weile hatte ich keine Lust mehr, ihn zu bedienen. Da habe ich ihm erklärt, dass er BITTE zeigen kann. Er war eine Woche lang wütend, dass ich nun eine konkrete Erwartung an ihn hatte. Ich habe es aber durchgezogen. Jetzt klappt es super, und es ist süß, wie er BITTE gebärdet.«

STEFFI MIT LORENZ (12 Monate): »Lorenz hat schon früh gelernt, dass er mit der Gebärde BITTE-BITTE viel erreichen kann. Wir feierten ein großes Familienfest, viele Verwandte und Freunde saßen an den langen Tischen. Lorenz ging von einem zum nächsten und gebärdete BITTE-BITTE. Jeder gab ihm etwas Leckeres zu essen und lachte ihn an. Es war wirklich unglaublich süß.«

DANKE

Berühre mit den Fingerspitzen dein Kinn. Bewege die flache, gestreckte Hand vom Kinn weg.

Häufig hört man, wie Mütter ihre Kinder dazu auffordern, sich zu bedanken. »Sagst du danke?« Doch irgendwie erinnert sich noch jeder an das unangenehme Gefühl, welches damit einherging. Ähnlich, aber doch ein wenig unsichtbarer und weniger öffentlich, können Kinder mit dieser Gebärde daran erinnert werden, sich zu bedanken. Lesen Sie von den Erfahrungen einer Mutter, deren Tochter beim Bäcker etwas geschenkt bekam.

CAROLA MIT JANA (19 Monate): »Wie immer bekam Jana beim Bäcker ein kleines Stück Brötchen geschenkt. Anstatt sie aufzufordern, sich zu bedanken, zeigte ich ihr zur Erinnerung verstohlen die Gebärde DANKE. Jana verstand und bedankte sich mit leiser Stimme. Da war die Verkäuferin verdutzt und erfreut.«

Eltern und Kinder, die sich über Gebärden verständigen, können sich auch durch Fensterscheiben hindurch und über größere Distanz ein Zeichen geben.

Für die ganze Familie

Gewinnen Sie weitere Personen, mit denen Sie gemeinsam die Gebärden zeigen. Gebärden können ein großer Spaß für die ganze Familie sein. Versuchen Sie, viele Personen mit einzubeziehen. Besonders ältere Geschwisterkinder sind häufig sehr motiviert, ihren kleinen Geschwistern die Gebärden zu zeigen. Die Großen möchten die Gebärden gut nachmachen und untersuchen häufig die Beweglichkeit ihrer eigenen Finger ganz genau. Dann sind sie stolz, wenn sie eine Gebärde hinkriegen, und zeigen sie gerne. Sie freuen sich auch darüber, dass sie dem kleinen Geschwisterkind etwas beibringen können. Nicht selten erinnern sich die großen Kinder besser an die Gebärden als die Eltern! Auch das ist etwas Schönes, das große Kind kann sogar seinen Eltern »helfen«.

BABY

Die Handinnenfläche der einen Hand liegt auf dem Handrücken der anderen. Die Arme wiegen hin und her. Die gleiche Bewegung kann auch Puppe bedeuten, wenn dazu »Puppe« gesprochen wird.

BRUDER/SCHWESTER (AUCH GESCHWISTER)

Beide gestreckten Zeigefinger berühren sich mehrfach leicht in der Mitte. Diese Gebärde hat mehrere Bedeutungen: Bruder, Schwester oder auch Geschwister.

OMA

Berühre mit deinen Fingerspitzen den Hinterkopf in einer Rundung. Denke an einen Dutt, wie ihn Omas früher getragen haben.

OPA

Daumen und Zeigefinger bewegen sich drehend in der Luft, als ob Opa einen Zwirbelbart hätte.

Schauen Sie gemeinsam Fotos an. Fangen Sie den Blick Ihres Kindes ein, indem Sie ein Foto von Oma oder Opa vor seine Augen halten – ohne Worte. Vermeiden Sie, Ihr Kind dabei mit der Stimme anzusprechen, da Sie ansonsten die Aufmerksamkeit auf sich lenken und nicht auf das Foto. Nun führen Sie das Foto neben Ihren Kopf und können erklären, wer darauf zu sehen ist. »Schau mal, da ist dein OPA.« Schauen Sie auch selbst auf das Foto.

Spielend die Welt entdecken

Womit spielen Babys? Wofür interessieren sie sich? Wenn Babys und Kleinkinder »spielen«, meint dies: anfassen, entdecken, staunen über und erforschen von Alltagsgegenständen. Daher findet sich in diesem Abschnitt eine bunte Auswahl von faszinierenden Dingen wie Ball und Puppe, aber auch Schlüssel und Telefon. Natürlich gehören auch Bücher und Seifenblasen dazu, die jedes Kind begeistern. Dabei spielt es nicht nur eine Rolle, diese Dinge benennen zu können, sondern auch: Welche Gebärden kann ich nutzen, wenn ich das nächste Mal Seifenblasen puste?
Welche Gebärde passt zum SCHLÜSSEL? Welche Gebärden passen beim BALLspielen?

BALL

Forme die runde Form des Balles mit beiden Händen nach.

Bälle rollen hin und her. Ein Ball verschwindet unter einem Tuch. Der Ball ist WEG. Soll ich den Ball NOCHMAL (siehe S. 60) zu dir rollen? Oh, schau mal, da ist noch ein Ball. Er sieht genauso aus. DERSELBE Ball.
Ein Luftballon fliegt und fliegt. »Tip-Tip, ich stupse ihn. Er fliegt hoch. Ich halte ihn fest. NOCHMAL fliegt er hoch. Da verschwindet er. Hinter dem Sofa ist er gelandet. Oh – WEG.«

BUCH

Beide Handinnenflächen liegen flach aneinander und öffnen sich mit der Daumenseite seitlich nach außen.

PUPPE

Die Hände liegen mit der geöffneten Handinnenfläche aufeinander nach oben gerichtet. Die Arme wiegen hin und her. Die gleiche Bewegung kann auch Baby bedeuten, wenn dazu »Baby« gesprochen wird.

SCHLÜSSEL

Die Faust dreht locker hin und her.

Zum Schlüssel passt die Gebärde GEBEN (siehe S. 93). So können Sie Ihr Kind auffordern, dass es Ihnen den Schlüssel zurückgibt: »Gib mir bitte meinen Schlüssel wieder.«

TEDDY

Die Zeigefinger tippen von der Mitte des Scheitels nach außen und zeichnen so die Form der kleinen Teddybär-Ohren nach.

Achtung: Falls Ihr Kind Teddy gebärdet, sieht es vielleicht so aus, als ob es Ihnen einen Vogel zeigt. Das kann zu amüsanten Missverständnissen führen. Sehen Sie es Ihrem Kind nach. Es hat nur irgendwo einen Teddy entdeckt.

TELEFON

Der Daumen liegt am Ohr, der kleine Finger am Mund.

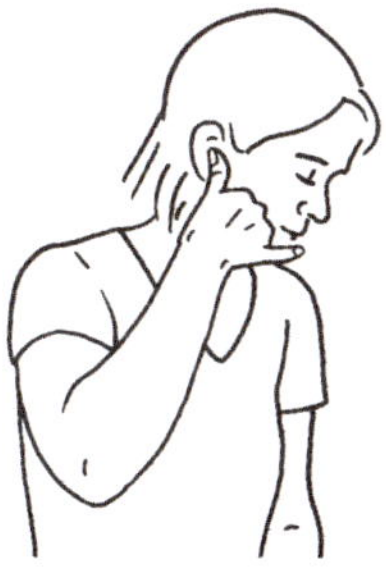

SPIELEN

Beide Hände locker vor dem Körper schütteln, abwechselnd aus den Handgelenken rauf und runter.

SEIFENBLASEN

Eine lockere Faust berührt seitlich den Mundwinkel, und du pustest zur Demonstration mit gespitzten Lippen. So wird angekündigt, wenn du SEIFENBLASEN machen möchtest.

Fliegen die Seifenblasen bereits durch die Luft, gibt es eine Reihe anderer Gebärden, die Sie auch zeigen können. Da Sie vermutlich in der einen Hand die Seifenblasen festhalten, gebärden Sie einfach einhändig. Besonders viel Spaß macht es auch, mehrere Kinder und ihre Mütter mit Seifenblasen zu verzaubern. So kann eine Person pusten, und alle anderen können die Gebärden zeigen.

Seifenblasen pusten mit unterschiedlichen Gebärden

- Lassen Sie zahlreiche Seifenblasen durch die Luft fliegen. Immer wieder. Warten Sie dann ab, bis alle Seifenblasen zerplatzt sind. Kommentieren Sie einfach, was passiert ist: »Alle Seifenblasen sind WEG (siehe S. 59).«
- Pusten Sie weitere Seifenblasen. Lassen Sie inmitten Ihres Spielflusses plötzlich eine Pause entstehen, gerade dann, wenn es dem Kind besonders viel Spaß macht. Stellen Sie sich unwissend: »Mh, was meinst du? Soll ich NOCHMAL (siehe S. 60) pusten?« Warten Sie einen Moment. Geben Sie Ihrem Kind genug Zeit, zu reagieren, bevor Sie erneut pusten.
- Ältere Kinder können häufig gar nicht genug bekommen und möchten endlos mit Seifenblasen spielen. Kündigen Sie das Ende des Spiels rechtzeitig an, damit Sie einen klaren Abschluss finden können: EINMAL noch, dann ist SCHLUSS! (Siehe S. 98.)

GEBEN

Eine flache Hand reicht etwas zu einer anderen Person (ich-gebe-dir) oder wie auf der Zeichnung von einer Person zu sich selber (du-gibst-mir).

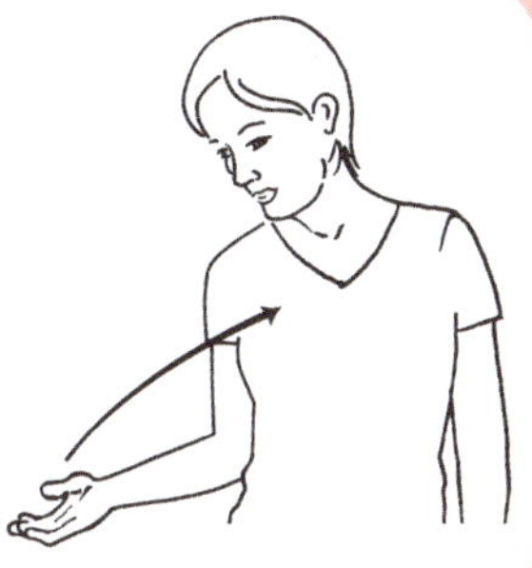

Etwas zu geben und etwas zu bekommen, kann mit der gleichen Handform gezeigt werden. Nur die Richtung, in die die Hand sich bewegt, verändert sich. Die Bedeutung des Gesagten wird mit der Gebärde schneller klar. »GIBST du mir bitte meinen Schlüssel?« »GIB bitte deiner Schwester ihren Schnuller.« Die flache Hand bewegt sich vom Kind mit dem Schlüssel zur Schwester. Auch mit strengerer Miene und mal ohne Worte können Erwachsene mit der Gebärde unterstreichen, was sie sagen: GIB-MIR.

WEINEN

Führe den Zeigefinger zweimal vom Auge die Wange hinab, wie eine herabkullernde Träne.

Wenn ein Kind weint, drückt es ein starkes Gefühl aus. Andere Kinder nehmen dies wahr. Denn Babys fühlen mit. Benennen Sie es, wenn Sie merken, dass Ihr Kind ein anderes Kind weinen hört oder sieht. Zeigen Sie mit der Gebärde WEINEN die hinabfließenden Tränen.
Langfristig ist es hilfreich, wenn Kinder ihre eigenen Gefühle benennen können. Kinder möchten davon erzählen, dass sie selber weinen, geweint haben oder ein weinendes Kind hören. Die Gebärde WEINEN bringt Orientierung, wenn starke emotionale Situationen entstehen und das Trösten abklingt.

RAUSGEHEN

Dein gestreckter Zeigefinger bewegt sich vom Körper weg und zeigt nach draußen.

Falls es draußen kalt ist, wenn Sie rausgehen: Schütteln Sie einfach Ihre angewinkelten Arme mit den geschlossenen Fäusten so, als ob Sie frieren würden.

ANZIEHEN/AUSZIEHEN

Je nachdem, welches Kleidungsstück Sie an- oder ausziehen, zeigen Sie es einfach pantomimisch.

Jacke: Deine Hände greifen von den Schultern in die Mitte des Körpers und überkreuzen sich. Beim Ausziehen in die entgegengesetzte Richtung öffnen sich die Arme nach außen.
Mütze: Setze mit geschlossenen Fäusten eine imaginäre Mütze auf den Kopf und ziehe sie seitlich über die Ohren.

Grenzen setzen mit Hilfe von Gebärden

Es kann wirkungsvoll sein, ein NEIN auch mit anderen Worten zu sagen. Worte, die darauf hinweisen, was das Kind tun soll oder stattdessen tun darf.

In diesem Abschnitt erfahren Sie, wie Gebärden dabei unterstützen können, ein Ende zu finden. Kinder reagieren auf den Klang, den Tonfall in der Stimme und auf den mimischen Ausdruck eines Erwachsenen – sowohl bei Zustimmung als auch bei Ablehnung oder einem Verbot. »Es kommt also darauf an, ein Nein mit ernster Miene und in entschiedenem Tonfall auszusprechen. Versucht man, das Verbot durch ein Lächeln, einen sanften Tonfall zu mildern, wird das Kind nicht verstehen, (...) weil es ein solches Nein nicht respektiert.« (Molcho 1992, S. 65).
Die Stimme des Erwachsenen kann demnach die Wirkung des gesprochenen Wortes »Nein« stark verändern. Auch die Häufigkeit, in der ein »Nein« durch die Erwachsenen verwendet wird, kann die Bedeutung verändern: zu häufig gesagt, wirkt es abgenutzt und weniger wirkungsvoll auf das Kind. Außerdem – und das ist vielleicht der wichtigste Punkt – verändert sich das »Nein« im Besonderen dadurch, ob der Erwachsene Blickkontakt zum Kind aufgebaut hat oder es beispielsweise aus größerer Entfernung dem Kind »hinterherwirft«.
Ein NEIN als Gebärde ist einfach zu verstehen. Der erhobene, sich bewegende Zeigefinger, von einem Kopfschütteln begleitet, zeigt das NEIN. Auch hier haben die unterschiedlichen Faktoren, wie Entschiedenheit und Klarheit in der Bewegung, Blickkontakt und auch der eigene Gesichtsausdruck einen großen Einfluss auf die Wirkung der Gebärde.
Kann also die Gebärde NEIN beim Neinsagen unterstützen? Sicherlich. Sie unterstützt die Bedeutung des Gesprochenen.

NEIN

Eine Hand mit gestrecktem Zeigefinger wird vor dem Körper gehalten. Die Hand wird seitlich von rechts nach links hin und her bewegt, der Kopf geschüttelt.

Ein Kind hält beispielsweise die Puppe eines anderen Kindes fest und mag sie nicht mehr hergeben. Sagen Sie dem Kind, was es tun soll: LOSLASSEN, GEBEN (in die Richtung des anderen Kindes oder des Erwachsenen). Vielleicht bekommt es dafür ein Alternativspielzeug angeboten.
Oder: Ein Kind kneift einen Erwachsenen ins Gesicht. Der Erwachsene sagt STOPP, ich möchte das nicht. Der Erwachsene macht mit seinem Zeichen deutlich, wie nah das Kind kommen darf und wo die Grenze ist.

LOSLASSEN

Öffne die Faust ruckartig und strecke die Finger. Die Augenbrauen werden hochgezogen.

Zwei Kinder streiten sich, und beide halten an etwas fest. Sagen Sie den Kindern, was sie tun sollen: LOSLASSEN, anstatt allgemein zu sagen: Hört auf. Haben beide losgelassen, können Sie klären, wer zuerst und wer danach dran ist. Es wird sich ABGEWECHSELT (siehe S. 96).

STOPP

Die Handinnenfläche der gestreckten Hand zeigt vor dem Körper die Grenze auf.

Ein Kind lernt, sich im Straßenverkehr zu bewegen: Der Erwachsene hält den Kinderwagen am Straßenrand an und zeigt die Gebärde STOPP. Dann schaut der Erwachsene auffällig nach Fahrzeugen, bevor er weitergeht. Überall, wo Sie Ihrem Kind eine Grenze aufzeigen möchten, an welcher Stelle es nicht alleine weitergehen darf, zeigen Sie die Gebärde STOPP – bevor etwas passiert ist! Stecken Sie sozusagen das Bewegungsrevier Ihres Kindes ab. So ist Ihr Kind orientiert und hat die Chance, sich an Ihre Ansage zu halten. Dazu einige Beispiele auf der nächsten Seite:

Der Ausgang eines öffentlichen Raumes (z.B. Café, Restaurant): Sie zeigen Ihrem Kind eine unsichtbare Linie am Ausgang: Hier ist STOPP. Weiter darfst du nicht. STOPP.
In der Nähe einer Treppenstufe: Markieren Sie die Grenze mit der Gebärde »Hier ist STOPP für dich«, zeigen Sie auch, wo sich Ihr Kind alleine bewegen darf. »Da darfst du gehen.«
Vor dem Grill: Einige Schritte vor dem Grill markieren Sie mit einem Stock die Grenze. Dort muss das Kind stehen bleiben. Sie unterstützen Ihre Aussage mit der Gebärde STOPP.
Die Aufsichtspflicht ist damit für Sie zwar nicht gelöst, aber Sie merken, dass Ihr Kind sich an die Regeln halten kann, denn es hat erklärt bekommen, wo die Regel ist. (Je älter das Kind ist, umso neugieriger wird es sein, austesten wollen, was passiert, wenn es die unsichtbare Grenze überschreitet. Überlegen Sie sich eine angemessene logische Folge, die das Kind verstehen kann, zum Beispiel den Bewegungsradius verkleinern / Dem Kind zeigen, dass es erst Mama holen muss, wenn es über die Grenze hinaus will / Dem Kind gegenüber Strenge zeigen, weil das Kind sich nicht an die aufgestellte Regel gehalten hat.)

ABWECHSELN

Strecke Zeige- und Mittelfinger von den geschlossenen Fäusten ab. Eine Hand zeigt nach oben, die andere nach unten. Nun werden die Hände gleichzeitig gedreht und wieder zurück. Zwischen zwei Personen zu drehen, zeigt an, wer zuerst dran ist und wer danach.

Miteinander zu sprechen, bedeutet, sich abzuwechseln. Beim Reden und Zuhören, beim Spielen mit Freunden und Geschwistern. Die Gebärde ABWECHSELN ermöglicht Kindern Orientierung. »Erst kommst du dran und dann du. Ihr wechselt euch ab.« Hilfreich ist sie auch bei Streitereien zwischen Geschwistern. Manchmal ist es nötig, dass kleine Kinder sich abwechseln, wenn sich beispielsweise zwei Kinder mit demselben Spielzeug beschäftigen möchten. Hier kann die Gebärde helfen. Abwechseln bedeutet, etwas herzugeben, um es dann später wieder zurückzubekommen. Mit der Gebärde ABWECHSELN wird die Bedeutung des Wortes den Kindern noch schneller

klar. Sie beziehen bei der Gebärde ABWECHSELN die beteiligten Personen mit ein und gebärden auf das gemeinte Kind zu. Dadurch wird deutlich, dass einmal der eine und dann die andere dran ist. Achten Sie auf guten Blickkontakt. Ist Ihre Botschaft gesehen worden? Gehört worden? Sie können auch ankündigen: »Abwechseln, jeder einmal, dann bist du FERTIG.«
Wenn Sie die Gebärde ABWECHSELN einführen, beginnen Sie am besten in harmlosen Situationen, wenn kein Stress entsteht. Es gehört zum Alltag, sich abzuwechseln. Wenn Kinder das Konzept »sich abzuwechseln« bereits verstanden haben, können Sie in Stress- und Streitsituationen mit größerer Kooperation der beteiligten Kinder rechnen. Achten Sie auf kurze Sätze: »Erst kommst du, Jan, dann du, Leonie« (gebärden Sie ABWECHSELN, während Sie sprechen).

EINMAL NOCH, DANN IST SCHLUSS!

Halte den Daumen in die Luft mit den Worten: »Einmal noch«. Betone auch das zweite Schlüsselwort in diesem Satz: SCHLUSS. Beide nach unten offenen Hände werden klar und deutlich zu den Seiten geführt.

Kündigen Sie das Ende einer Aktivität rechtzeitig an, gibt es weniger Geschrei. Zwei Gebärden können Ihnen dabei gut helfen: EINMAL und SCHLUSS.

Hintergrundwissen: Die ersten Worte sprechen

Viele wichtige Schritte in der Bewegungs- und Sprachentwicklung des Kindes lassen sich in dem halben Jahr nach dem ersten Geburtstag beobachten. Die Bewegungsentwicklung und die Entwicklung der Sprache sind eng miteinander verbunden. Von den Eltern wird der erste freie Schritt des Kindes oder auch das erste gesprochene Wort mit großer Freude erlebt. Meilensteine der kindlichen Entwicklung sind geschafft.

Zwischen dem 12. und 18. Lebensmonat beginnen Kinder, ihre ersten Worte zu sprechen.

Auch feinmotorisch werden die Kinder in diesem Zeitraum immer geschickter: Sie be-greifen die Welt durch das Ertasten und Fühlen mit ihren Händen. Das dringende Bedürfnis, alle Gegenstände in den Mund nehmen zu müssen, um sie zu erkunden, lässt nun nach.

Um den ersten Geburtstag herum fangen Kinder häufig an, ihre ersten Worte zu sprechen. In den nachfolgenden Monaten wächst der aktive Wortschatz dann nach und nach – und zunächst langsam. Kinder können in dieser Zeit bereits viel verstehen, mehr als sie selbst schon sprechen können. Wenn Kinder beginnen zu sprechen, kann es vorkommen, dass ein Kind zu einer Katze beispielsweise »wau-wau« sagt. Aus der Sicht des Kindes völlig richtig, denn es zeigt, was es verstanden hat: Der Hund ist der Prototyp für alle Vierbeiner, und so überträgt es die Bezeichnung auf ähnlich aussehende Tiere. Später erkennen Kinder von ganz allein die Unterschiede und erweitern ihren Wortschatz dementsprechend. Sie brauchen also nichts zu tun und dürfen sich einfach an Ihrem Kind erfreuen, wenn es diese »Fehler« macht, egal, ob in Wort oder Gebärde.

Die Unterschiede im Sprachstand bei Kindern in ähnlichem Alter werden den Eltern nun immer deutlicher. Falls Sie sich Sorgen über die sprachliche Entwicklung machen, halten Sie bitte vor Ort Rücksprache mit Fachleuten: Kinderärzte, Logopäden, Fachärzte für Pädaudiologie.

Tipps für die Sprachförderung

- Hören Sie Ihrem Kind zu, wenn es seine ersten Sprechversuche wagt. Kinder, die in einer Umgebung aufwachsen, in der sie schon in ihren kleinen Versuchen, sich mitzuteilen, wahrgenommen werden, fühlen sich ermutigt, zu kommunizieren.

- Kinder brauchen ihr tägliches sprachliches Angebot. Erzählen und erklären Sie wiederholt die täglichen Abläufe, die Sie gemeinsam erleben. Kündigen Sie an, was als Nächstes geschehen wird. Kommentieren Sie, was Sie tun. Zu Ihrem Sprachangebot gehören auch Pausen für mögliche Antworten des Kindes.
- Vermeiden Sie, Ihrem Kind Worte vorzusprechen (»Sag mal ›Auto‹«), die es nachsprechen soll. Verbessern Sie die Aussprache Ihres Kindes nicht direkt. Beispiel: Das Kind sagt: »ato ato«. Wiederholen Sie stattdessen das Wort korrekt, in einer Art Feedback: »Auto? Ja, da fährt ein Auto.« So helfen Sie Ihrem Kind, das Wort korrekt zu hören, ohne dass es sich korrigiert fühlt. Sie können auch eine Erweiterung hinzufügen und dazu gebärden, wie zum Beispiel: »Da fährt das Auto. Hui, jetzt ist es WEG.«

6 Gebärden für unterwegs

Die Phase der Sprachentwicklung von eineinhalb bis zweijährigen Kindern ist besonders davon geprägt, dass große Unterschiede in den Fähigkeiten der Kinder nach außen »hörbar« werden. Häufig vergleichen Eltern deshalb die unterschiedlichen Kompetenzen der Kinder in ihrem Freundes- und Bekanntenkreis, da es auch beeindruckend ist, die Unterschiede feststellen zu können.
Die meisten Kinder sprechen praktisch täglich neue Wörter und bilden in der Regel nun die ersten Zwei-Wort-Sätze (»Ball weg«). Andere Kinder beginnen gerade, die ersten Wörter auszusprechen. Ebenfalls ist die Verständlichkeit (die Aussprache) der Kinder sehr unterschiedlich. Einige Kinder sprechen eher verwaschen und undeutlich. Und es kann vorkommen, dass die größeren Geschwister oder auch Mama oder Papa zu Übersetzern der kindlichen Äußerungen werden, wenn das Kind nicht verstanden wird. Andere Kinder hingegen sprechen deutlich und verständlich. Sie formulieren erste Sätze und beeindrucken mit ihrem großen Wortschatz. Die Fähigkeiten der Kinder sind sehr, sehr unterschiedlich in dieser Zeit.
Egal, welchen Weg ein Kind zum Sprechenlernen geht. Versuchen Sie, Ihr Kind in seinem Sprachstil und seinem Tempo zu akzeptieren. Unterstützen Sie es, indem Sie seine Sprechversuche wahrnehmen. Es würde beispielsweise nicht helfen, wenn Sie Druck aufbauen und immer wieder zum Sprechen auffordern (»Sag mal ›Hund‹«). Versuchen Sie vielmehr, Situationen so zu gestalten, dass Sprechen notwendig ist, um etwas zu erreichen. Und wechseln Sie sich beim Spielen und Sprechen so oft es geht ab: einmal ich und einmal du. Auch dann, wenn Ihr Kind noch keine deutliche Aussprache hat.

Die Fähigkeiten von Kindern im Alter von eineinhalb bis zwei Jahren, mit Gebärden zu kommunizieren, sind ebenfalls sehr vielfältig. Einige Kinder lernen in diesem Alter Gebärden neu kennen und können schon nach kürzester Zeit (sofort, nach einem Tag, einer Woche) die Handbewegungen nachahmen. Andere Kinder wachsen bereits aus den Gebärden wieder heraus. Sie nutzten viele Gebärden im frühen Alter, und nun fällt ihnen das Sprechen so leicht, dass die Gebärden gar nicht mehr notwendig sind und einfach wieder verschwinden. Viele Kinder kombinieren die Gebärden auch mit Worten. Im Allgemeinen beginnen Kinder in diesem Alter, die ersten kleinen Sätze zu bilden. Dies passiert auch in der Kombination aus einem Wort und einer Gebärde: »Mama WEG« oder »TELEFON Omi«. Dadurch haben sie häufig einen

Vorsprung den Kindern gegenüber, die keine Gebärden nutzen. Eine Gebärde und ein Wort – der erste Zwei-Wort-Satz: schon früher zu sehen, als der erste Zwei-Wort-Satz zu hören ist.

MARK UND TINKA (22 Monate): »Wir sind immer noch sehr begeistert von den Gebärden. Sehr interessant finden wir, dass Tinka, sobald sie ein Wort sprechen kann, die Gebärde weglässt. Dann passierte dies: Tinka wollte uns etwas erzählen. Wir konnten ihre Aussprache leider nicht verstehen und sie war zunehmend von unserem Unverständnis genervt. Genau in diesem Moment nutzte sie wieder eine Gebärde. Sie zeigte uns locker flockig die Handbewegung für FISCH (siehe S. 110). Wie gut, dass sie gebärden kann, denn so konnten wir Eltern ihre Geschichte nun auch endlich verstehen!«

In jedem Alter interessieren sich Kinder für Handbewegungen – und somit auch für Gebärden.

Die Frage, ob es denn mit einem Kind in diesem Alter schon zu spät sei, mit Gebärden zu beginnen, kann mit einem eindeutigen Nein beantwortet werden. Es ist nie zu spät. Kinder finden Gebärden in jedem Alter interessant. Allein der Stellenwert, den Gebärden für Eltern und Kind haben, verändert sich. Spricht ein Kind noch nicht, so kann es sich mit Gebärden schon früher verständlich mitteilen. Spricht ein Kind bereits, kann es mit Gebärden auch Worte »sagen«, die schwer auszusprechen sind, wie beispielsweise »Hubschrauber«, »Flugzeug« oder »Pinguin«. Doch auch dann, wenn ein Kind schon richtig viel und gut sprechen kann, sind Gebärden ein Gewinn. So kann man mit den Händen etwas auf eine andere Art und Weise mitteilen. Das macht riesigen Spaß. Und wenn es Kindern gelingt, sogar eine motorische Herausforderung zu meistern, wie beispielsweise einen »Schmetterling« mit den Händen zu zeigen, macht dies besonders stolz.

SOLVEIG MIT JANNES (3 Jahre): »Jannes ist jetzt drei Jahre alt und gebärdet eigentlich nicht mehr. Doch letzte Woche hat er plötzlich ohne besonderen Anlass mit den Händen einen Schmetterling geformt und hatte große Freude an der bildhaften Darstellung mit den Händen. Wirklich überraschend! So entwickelt sich bei uns gerade eine zweite, kleine Blüte der Gebärdensprache.«

Die Aufmerksamkeit …

Kinder zwischen eineinhalb und zwei Jahren sind zunehmend mobil und bewegen sich selbstständig umher. Sie sind dabei, die Welt zu erkunden. Verfolgen Sie auch weiterhin, worauf Ihr Kind seine Aufmerksamkeit lenkt. Achten Sie auf seinen Blick und auf das, wofür es sich interessiert. Beziehen Sie auch die Handbewegungen und den Gesichtsausdruck des Kindes mit ein. Hände und Mimik können Ihnen wichtige Informationen mitteilen. Sprechen und gebärden Sie über das, was Ihr Kind spannend findet.

Lenken Sie zusätzlich auch bewusst die Aufmerksamkeit Ihres Kindes auf sich, wenn Sie mit ihm kommunizieren. Viele Eltern rufen das Kind bei seinem/ihrem Namen, damit es schaut oder zuhört. Nicht selten verliert diese Methode an Wirkung: das Kind findet seine Beschäftigung spannender, als zu Mama oder Papa zu schauen. Um die Aufmerksamkeit des eigenen Kindes auf sich selbst zu lenken, kann das eine oder andere Mal schon ein kleiner Trick helfen. Machen Sie doch mal ein ungewohntes Geräusch, indem Sie beispielsweise Ihren Schlüsselbund schütteln, damit das Kind sich Ihnen zuwendet und seine Beschäftigung unterbricht. Oder Sie zischen einen ungewohnten Laut durch die Luft, der Ihr Kind neugierig die Augen in Ihre Richtung wandern lässt. Blickkontakt zu haben, wenn man mit seinem Kind spricht, fördert das Verstehen und vor allem auch, dass Sie sehen können, ob Ihre Botschaft ankommt.

Die gemeinsame Aufmerksamkeit auf eine Sache oder auf das, was man tut, zu lenken, ist eine wichtige Voraussetzung dafür, wenn man eine Gebärde zeigen möchte. Benennen Sie das, was Sie draußen entdecken, mit Gebärden: Fahrzeuge in der Stadt, Spielgeräte auf dem Spielplatz, Tiere in der Natur, auf dem Bauernhof oder im Zoo – überall können wir Gebärden verwenden und darüber Einsicht in die Gedankenwelt des Kindes und seine Wünsche mitbekommen.

PRAXISTEIL 4:
18.–24. Lebensmonat

Fahrzeuge

AUTO & LASTWAGEN

Auto: Beide Hände halten das imaginäre Lenkrad eines Autos und »lenken« hin und her.
Lastwagen: Halte die Hände weiter auseinander – und schon verändert sich die Bedeutung: Nun ist es durch das größere Lenkrad ein Lastwagen.

Spielen Sie, wie das Auto fährt. Das Lenkrad dreht nach links, nach rechts. Nun verändern Sie Ihre Hand und werden das gesamte Auto, indem Sie mit einer flachen Hand gerade durch die Luft fahren. Sie fahren »brrrmmmm«, so lange, bis Sie irgendwo gegenstoßen. Da gibt es dann einen Unfall – besonders zur Belustigung des Kindes, wenn Sie es »anfahren« und gegen seinen Körper (Bein, Bauch) stupsen (siehe Zeichnungen Seite 107).

BOOT/SCHIFF

Deine Fingerspitzen berühren sich und beide Hände gleiten vorwärts, wie ein Boot über den See.

Das hierzu passende Kinderlied »Unser Schiff ist klein« von Robert Metcalf finden Sie auf Seite 130 und im YouTube-Kanal babySignal mit Nennung dieses Liedes.

Stupsen Sie mit dem fahrendem Auto leicht gegen Ihr Kind – brrrrmmm. Machen Sie Quatsch!

SIRENE – TATÜTATA

Drehe seitlich neben dem Kopf die offene Hand hin und her.

Martinshörner, Sirenen, Alarmanlagen – eindringliche Töne, die Babys und Kinder wahrnehmen. Benennen Sie sie oder achten Sie auf Ihr Kind, wie das folgende Beispiel zeigt:

JASMINE: »Tjaya war sehr müde, wollte aber nicht alleine schlafen, also hab ich sie bei mir im Arm schlafen lassen. Sie schlief tief, als draußen ein Krankenwagen mit lautem Martinshorn bei uns am Fenster vorbeigefahren kam. Tjaya hat sich erschrocken, wurde wach, sah mich mit großen Augen an und machte die Gebärde für Tatütata. Ich sagte nur ›Ja, richtig‹ und schwups, war sie wieder eingeschlafen. Ich fand das bemerkenswert! Sie konnte sich selber damit beruhigen, weil sie es benennen konnte, was sie hat aufschrecken lassen.«

BAGGER

»Schaufle« mit einer Hand zweimal nach unten Richtung Erde.

FLUGZEUG

Spreize den Daumen und den kleinen Finger von der geschlossenen Hand ab. Bewege die Hand vor deinem Körper in der Luft.

KATRIN MIT AMELIE: »Als Amelie neunzehn Monate alt war, ist ihr Papa auf eine Geschäftsreise gegangen. Sie erzählte dann immer wieder: PAPA FLUGZEUG ARBEITEN. Sie hat Sprechen und Gebärden gleichzeitig gelernt. So hat sie sich gut mitteilen können.«

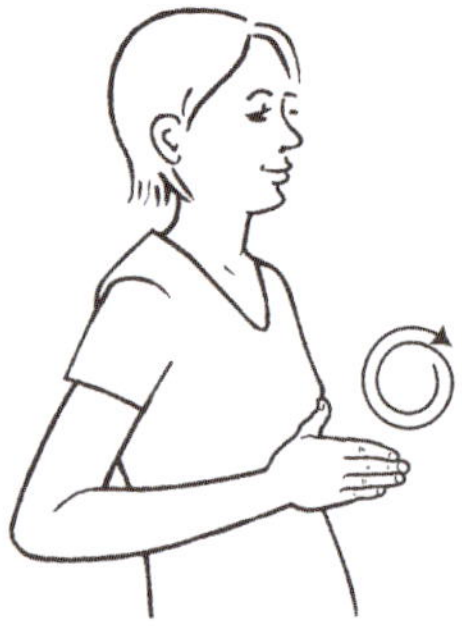

ZUG & EISENBAHN

Bewege deine offene, flache Hand senkrecht und rhythmisch kreisend.

MONIQUE MIT THORE (16 Monate): »Thore hat viele eigene Gebärden entwickelt. Er benutzt aber auch aus dem gelernten Repertoire Gebärden, wenn auch sehr sparsam. Als wir letztens über eine Brücke gingen, zeigte er auf die S-Bahn und freute sich. Da hab ich gesagt ›Ja Thore, da ist die Eisenbahn, und habe die Gebärde für Eisenbahn gemacht.‹ Daraufhin ist er im Kinderwagen fast ausgeflippt und hat die Gebärde zweimal hintereinander gemacht und sich gefreut, bis der Zug weg war.«

Auf dem Spielplatz

SCHAUKEL

Beide Hände halten an imaginären Stricken einer Schaukel fest, die angewinkelten Arme bewegen sich vor und zurück.

Bevor ein Kind schaukelt, kann es diesen Wunsch gut mit der Gebärde äußern. Während es auf der Schaukel sitzt, sollten Sie allerdings nur noch eine Gebärde verwenden: FESTHALTEN!

FESTHALTEN

Beide Hände schließen sich mit Nachdruck zu einer Faust: etwas festhalten wollen.

Je nachdem, was das Kind festhalten soll, verändert sich die Gebärde. HALTE FEST an der Schaukel. Falls Sie Ihrem Kind sagen möchten, es soll ein Glas zu trinken festhalten, zeigen Sie die Handform, die es braucht, um ein Glas zu halten.

RUTSCHE

Die gesamte Handinnenfläche streicht mit den Fingerspitzen vorneweg über die geöffnete Hand.

Auf dem Spielplatz erweisen sich auch die Gebärden NOCHMAL und EINMAL NOCH, DANN IST SCHLUSS! als sehr hilfreich für Eltern und Kind (siehe S. 98).

Tiere in der Natur

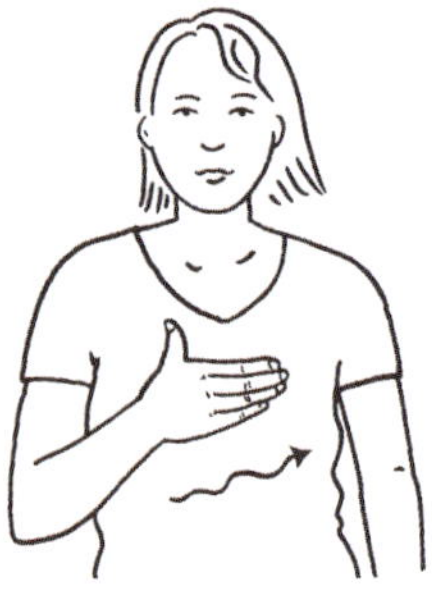

FISCH

Die gerade Hand mit gestrecktem Daumen bewegt sich seitlich vor dem Körper vorwärts – schlängelnd.

Diese Gebärde kann wunderbar auch ohne Blickkontakt gezeigt werden. Sie stehen beispielsweise vor einem Aquarium und blicken beide in das Becken. Da schwimmt Ihre Hand plötzlich wie ein Fisch zwischen dem Gesicht Ihres Kindes und dem Glas des Aquariums.
Wenn Sie zusammen ein Buch anschauen, in dem Fische vorkommen, Ihr Kind aber auf Ihrem Schoß sitzt und Sie keinen Blickkontakt haben: Der Fisch schwimmt dann eben über dem Buch.

FROSCH

Spreize Daumen, Zeige- und Mittelfinger von beiden Fäusten ab. Hüpfe mit beiden Händen gleichzeitig mehrmals vorwärts.

SCHMETTERLING

Überkreuze deine gestreckten Hände vor der Körpermitte, Handfläche zum Körper. Verhake die Daumen ineinander. Die übrigen Finger flattern gleichzeitig wie Flügel los.

Eine der schönsten Gebärden, die nur zweihändig ihre volle Wirkung erzielt, ist ziemlich anspruchsvoll für die Fingerfertigkeit von Kindern und auch Erwachsenen. Meist lernen erst zwei- oder dreijährige Kinder diese Gebärde richtig. Ein Grund, sie den Kleinen nicht zu zeigen? Erik belehrt uns eines Besseren:

MAJA MIT ERIK (8 Monate): »Erik war sechs Monate alt, als ich den ersten *babySignal*-Kurs mit ihm besuchte. Mit acht Monaten gebärdete er das erste Mal das Zeichen für ›Schmetterling‹, da über seinem Wickeltisch ein Schmetterling-Mobile hängt. Natürlich sahen die Gebärden noch nicht so aus, wie ich sie ihm gezeigt habe. Das war egal. Ich wusste genau, was er meinte.«

SCHNECKE

Eine Hand hältst du gestreckt vor dir, Handinnenfläche nach oben. Bei der anderen spreizt du Zeige- und Mittelfinger von der Faust ab (»die Fühler«) und gleitest mit dieser langsam über die offene Handfläche.

WURM/RAUPE

Der Zeigefinger krümmt und streckt sich immer wieder. Dabei bewegt sich der Arm vorwärts.

Tiere auf dem Bauernhof

HUHN

Picke mit einem Schnabel aus Zeigefinger und Daumen Körner vom Boden. Die Bewegung kommt aus dem Handgelenk.

HAHN

Mit der gestreckten Hand auf dem eigenen Scheitel wird durch eine schwingende Bewegung der Kamm des Hahnes dargestellt.

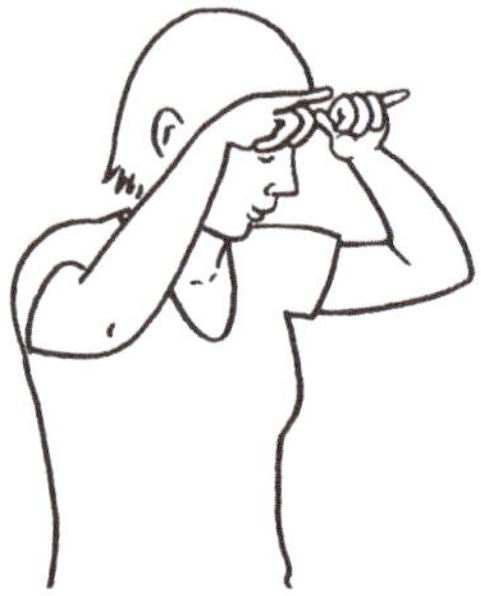

KUH

Spreize Daumen und kleinen Finger von den Fäusten ab. Halte die Hände wie Hörner mit dem Daumen an die Stirn.

Die Gebärde Kuh kann spielerisch von einer Stirn zur nächsten wandern. Kommen Sie Ihrem Kind ganz nah, gerade so nah, dass Ihre »Hörner« noch zwischen Sie passen und lassen Sie Ihre Hände an der Stirn des Kindes (siehe Foto S. 119).

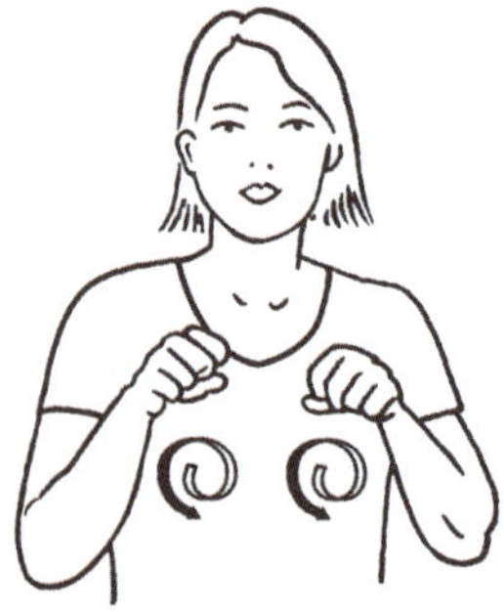

PFERD

Halte die geschlossenen Fäuste nach unten gerichtet. Bewege die Hände parallel auf und ab.

Spielen Sie pantomimisch das Pferd mit der Gebärde und schnalzen Sie kräftig mit Ihrer Zunge dazu. Mit einem Wiehern steigt das Pferd in die Höhe, die Hände und Arme steigen nach oben.

SCHAF

Kreise mit den Fingerspitzen vor deinem Brustkorb, als ob du Fell kraulen würdest.

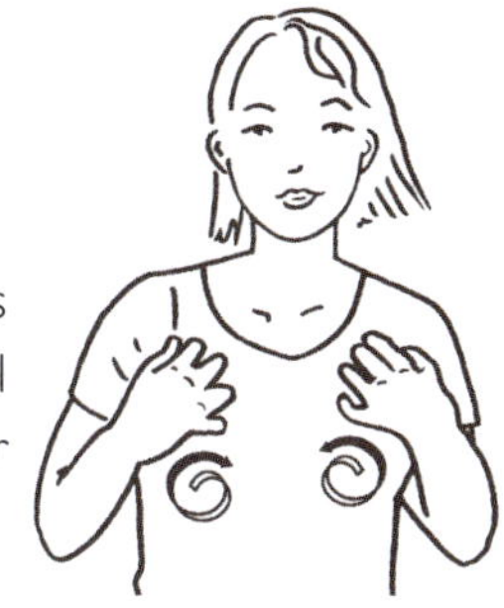

KATRIN MIT PAUL (19 MONATE): »Beim Abendessen gab es etwas Scharfes zu essen. Irgendjemand von uns sagte: ›Oh, ist das scharf!‹, woraufhin Paul SCHAF zu gebärden begann.« Es war zu süß, aber den Unterschied wird er wohl erst viel später verstehen.

SCHWEIN

Deine Finger umfassen deine Nase. Nun rückt deine Hand ein wenig von der Nase ab.

Ob echte Tiere oder Bilder von Tieren: Suchen Sie nach Paaren. Sehen Sie das gleiche Tier noch einmal? Benennen Sie es, wenn zwei gleiche Tiere in der Natur oder auf Bildern auftauchen mit der Gebärde DASSELBE (S. 86).

Tiere im Zoo

ELEFANT/ZOO

Forme mit deiner Hand den Rüssel des Elefanten nach. Diese Gebärde kannst du für das Wort »Elefant« und »Zoo« identisch zeigen.

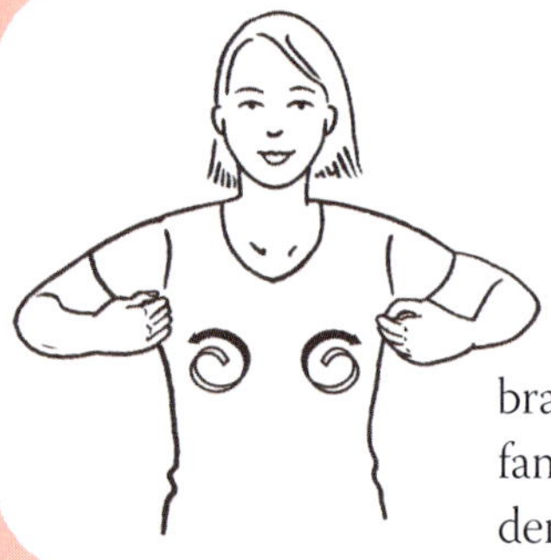

AFFE

Deine Hände greifen unter deine Armhöhlen und lassen die Fingerspitzen wiederholt nach oben kreisen.

Kitzeln Sie sich und Ihr Kind unter den Achselhöhlen und spielen Sie Affenfamilie. Mama Affe, Papa Affe und das kleine Babyäffchen. Sie brauchen nur die Gebärde und ein wenig Phantasie und Spaß. Falls die Affenfamilie unterwegs einen Gorilla trifft: Den erkennen Sie daran, dass er sich mit den Fäustchen kräftig auf den Brustkorb trommelt.

BÄR

Die offenen Hände werden zur Kralle geformt, nach vorne gerichtet und bewegen sich abwechselnd in einem kleinen Kreis vor dem Körper. Die Hände schließen sich nicht.

Machen Sie Quatsch mit der Gebärde BÄR. Spielen Sie das Bären-Fangspiel! Sie sind der Bär »Ua – der Bär kommt«, und Ihre offenen Bärentatzen fangen das Kind.

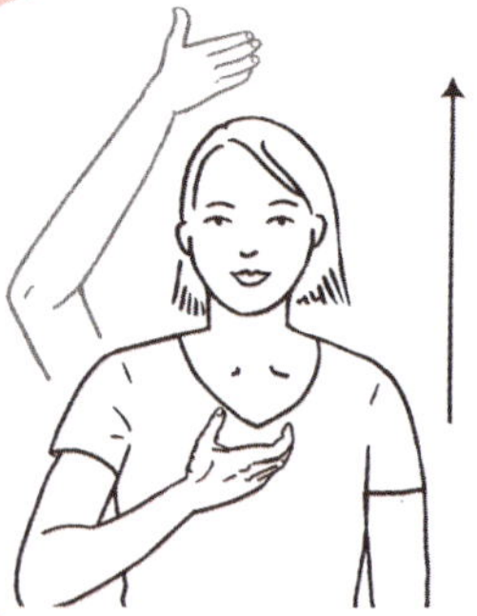

GIRAFFE

Der Daumen wird abgespreizt, die Finger bleiben eng aneinander. Nun führt deine Hand einen langen Hals in die Luft, weit über den eigenen Kopf hinaus, bis der Arm gestreckt ist.

LÖWE

Beide flach gestreckten Hände zeigen die Mähne eines Löwen an beiden Seiten des Kopfes mit einer wellenartigen Bewegung von oben nach unten.

TIGER

Beide offenen Hände mit leicht gespreizten, kralligen Fingern bewegen sich von den Wangen weg zur Seite nach außen.

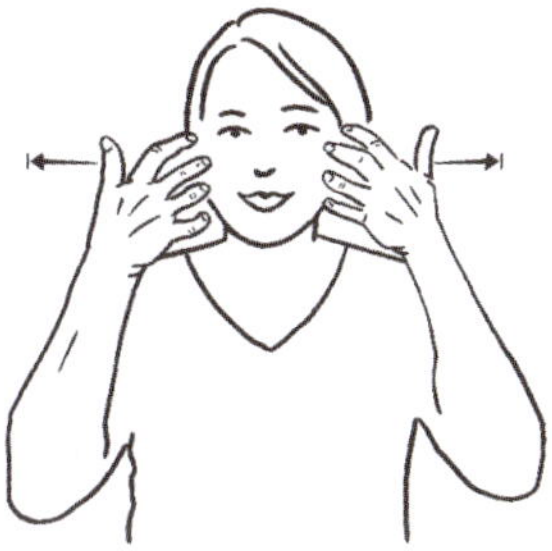

PINGUIN

Die Schultern wackeln abwechselnd. Dabei liegen die Arme gestreckt an den Körperseiten, und die Hände werden flach nach außen abgewinkelt.

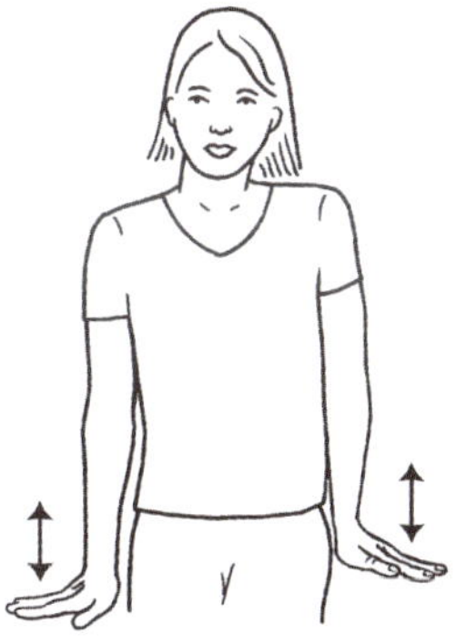

Tiere im Wald

EICHHÖRNCHEN

Beide offenen Hände werden an der Wange zweimal nach vorne geführt.

EULE

Beide Hände bewegen sich zweimal nach innen – aus dem Handgelenk heraus. Die Finger symbolisieren die großen Augen.

REH & HIRSCH

Reh: Drei Finger sind gestreckt und bewegen sich vom Kopf weg, um das Geweih darzustellen. Zu Beginn berührt der Daumen die Stirn.
Hirsch: Die Bewegung gleicht dem Reh, nur spreizt du alle fünf Finger ab für das große Geweih des Hirsches.

Bei jedem Wetter

SONNE

Eine geschlossene Hand wird schräg vor dem Kopf geöffnet – wie Sonnenstrahlen, die in das eigene Gesicht strahlen.

REGEN

Alle Finger, bis auf die Daumen, sind gestreckt. Die Hände fallen wiederholt gerade vor dem Körper von oben nach unten.

SCHNEE

Alle Finger, bis auf die Daumen, bewegen sich durcheinander und schwingen von der einen zur anderen Seite. Die Hände bewegen sich auch langsam von oben nach unten und lassen Schnee »rieseln«.

Hintergrundwissen: Das Sprechen fällt zunehmend leichter

Sobald der Wortschatz des Kindes mehr als fünfzig Wörter beträgt, wächst er schnell an. Viele Eltern erleben hier den sogenannten Wortschatzspurt ihres Kindes. Alle vom Kind gesammelten Worte finden nun explosionsartig ihren Weg über gesprochene Worte oder Wortteile wieder hinaus. Da hören Eltern das Kind Worte sprechen, von denen sie noch gar nicht gedacht haben, dass

es diese schon kennt. Bei manchen Kindern entwickelt sich der aktive Wortschatz auch in langsamen Schritten, Wort für Wort.
Jetzt ist Kommunikation über Dinge und Aktivitäten nicht mehr an die aktuelle Handlung gebunden. Beispiel: »Wir fahren nachher zu Omi.« Das Kind sucht Omi nun nicht im Raum, sondern weiß, dass in Bezug auf Omi etwas passieren wird.

Zum Umgang mit den unterschiedlichen kindlichen Fähigkeiten

In dieser Zeit lassen sich weiterhin große Unterschiede der Kinder im Spracherwerb beobachten. Während die einen schon in kleinen Sätzen sprechen, beginnen andere Kinder gerade erst mit dem Sprechen. Jedes Kind hat sein eigenes Tempo, sprechen zu lernen, und auch seinen eigenen Stil. Es kann sogar vorkommen, dass ein achtzehn Monate altes Kind auf demselben sprachlichen Stand ist wie ein zweieinhalbjähriges Kind. Diese Unterschiede gehören zur Normalität. Indem wir Kinder nicht bewerten und weiter an der Kommunikation mit ihnen interessiert sind, tun wir uns und ihnen den größten Gefallen. Auch jetzt brauchen Kinder keine Lehrer, die ihnen das Sprechen beibringen wollen. Für eine Förderung der Sprachentwicklung ist dieses Verhalten genauso wenig hilfreich wie das Reden wie ein Wasserfall. Falls Sie ernsthafte Sorgen haben, suchen Sie professionellen Rat bei einem Experten (Kinderärzte, Logopäden, Pädaudiologische Zentren in Krankenhäusern) und lassen Sie das Hörvermögen Ihres Kindes testen.

Die Fähigkeit, hören zu können, hängt eng mit einer guten Sprachentwicklung zusammen.

Tipps für die Sprachförderung

- Versuchen Sie, Ihrem Kind Fragen so zu stellen, dass es nicht mit »Ja« (Kopfnicken) oder »Nein« (Kopfschütteln) antworten kann. Anstatt zu fragen: »Möchtest du Marmelade auf dein Brot?« könnten Sie einfach fragen: »Möchtest du Marmelade oder Honig?«
- Erweitern Sie die Äußerungen Ihres Kindes, indem Sie wiederholen, was Sie verstanden haben, und noch etwas hinzufügen. Kind: »Bagga dros«, Erwachsener: »Ja, da steht ein großer Bagger.«

7 Gebärden und Bilderbücher

Bilderbücher bieten unendlich viele Möglichkeiten, mit Kindern zu sprechen, zu spielen und zu gebärden. Schon Babys mögen es, Bilderbücher in die Hand zu nehmen und von allen Seiten zu erforschen. Ebenfalls zeigen sie später auf die Bilder und möchten hören, wie etwas heißt oder welches Geräusch etwas macht, beispielsweise ein Tier. »Ja, da ist ein Hund. Der Hund macht wauwau.« Schritt für Schritt begreifen Kinder, dass man einer Geschichte zuhören kann, die aus einem Bilderbuch vorgelesen wird.

Auf einen Blick: Eltern, die beim Betrachten von Bilderbüchern auf vergnügliche Art und Weise Gebärden zeigen, können das Interesse des Kindes an Buch und Gebärde gleichzeitig wecken.

Bilderbücher anschauen mit Babys

Zunächst möchten Babys Bilderbücher auf ihre eigene Weise entdecken. Sie blättern die Seiten des Buches schnell um, öffnen und schließen ein Buch immer wieder, »auf und zu«. Oder sie knabbern mit größter Freude auf den Pappseiten herum.

Babys entwickeln ein Interesse an Büchern besonders dann, wenn Bücher Spaß machen. Es gehört natürlich auch dazu, sich an Mama, Papa, Oma oder Opa anzukuscheln und gemeinsam ein Bilderbuch zu »lesen«. Wenn dann noch die Erwachsenen lustige Geräusche zu den Bildern machen oder gar übertrieben eine Geschichte erzählen, wird die Aufmerksamkeit des Kindes leicht gefesselt.

Wie lange Sie mit Ihrem Baby gemeinsam ein Buch anschauen können, ist individuell verschieden. Es darf kurz sein. Wiederholen Sie es einfach häufiger. Babys mögen Abbildungen von Tieren und Gegenständen aus ihrem Alltag besonders gern. Suchen Sie sich die passenden Gebärden zu den Lieblingsbildern Ihres Kindes in den verschiedenen Praxisteilen dieses Buches einfach heraus.

BUCH

Beide Handinnenflächen berühren sich, bevor die Hände seitlich auseinanderklappen.

Bilderbücher anschauen mit Gebärden

Eine ergänzende Möglichkeit beim Bilderbücher anschauen mit den Kleinsten kann es sein, eine passende Gebärde zu zeigen. Beispielsweise über eine erklärende Handbewegung: »So schwimmt der FISCH« oder auch als eine Art Quatsch-Gebärde, die übertrieben gezeigt werden kann: »So schwimmt der FISCH. Ups – jetzt ist er gegen dich geschwommen. Was macht denn der FISCH an deinem Bauch? Na so was!«

SOLVEIG MIT FREDERIC (2 Jahre, spricht viel): »Als ich Frederic seine Gute-Nacht-Geschichte vorgelesen habe, in der ein Hund vorkommt, ist Folgendes passiert. Frederic ist extra noch einmal aufgestanden, obwohl er schon recht müde war, um die Gebärde HUND selber zu zeigen. Denn dafür muss er ja auf seinen Oberschenkel klopfen. Das hat er dann wild und begeistert gemacht, bevor er sich zum Schlafen hinlegte.«

Die Aufmerksamkeit gemeinsam auf etwas richten zu können, beispielsweise ein Buch, ist ein wichtiger Entwicklungsschritt.

Sehen Sie beispielsweise einen Bären in einem Buch, spielen Sie mit der Gebärde BÄR eine Art Pantomime. »Da läuft der BÄR. Ein großer BÄR.« Entdecken Sie eine Ente, so können Sie immer an derselben Stelle im Buch die QUAK-QUAK Quatsch-Gebärde für ein kleines Spielchen einsetzen. »Schau mal, da ist eine Ente. Die Ente macht QUAK-QUAK«, und langsam kommt die Schnabel-Hand näher und näher an das Kind heran, bis es zwickt und zwackt und ein bisschen kitzelt (siehe auch S. 68).

Der eigene Gesichtsausdruck kann ebenfalls Teil einer Gebärde sein. Kinder interessieren sich für Bilder, auf denen Gefühle in den Gesichtern zu sehen sind. Entdecken sie beispielsweise ein trauriges oder weinendes Kind, so können Sie mit einer übertriebenen Mimik und der Gebärde WEINEN sicherlich das Interesse Ihres Kindes wecken und sich über das weinende Kind auf dem Bild »unterhalten«.

Sitzpositionen zum Bilderbücheranschauen mit Gebärden

Je nach Alter des Kindes und seinen Bewegungsmöglichkeiten bieten sich unterschiedliche Sitzpositionen zum Bilderbücheranschauen mit Gebärden an. Im Unterschied zur verbreiteten Vorleseposition (Kind sitzt auf dem Schoß eines Erwachsenen, und beide schauen in das Buch, ohne dass sie sich ins Gesicht gucken können) gibt es auch andere Sitzpositionen, die für das Anschauen mit Gebärden von Vorteil sind. In jeder Sitzposition können Sie Gebärden zeigen – es eröffnen sich nur unterschiedliche Möglichkeiten.

■ Baby liegt auf den Oberschenkeln

Gemütlich auf dem Sofa oder an die Wand gelehnt, legen Sie das Baby auf Ihre angewinkelten Oberschenkel. Sehr leicht können Sie so Blickkontakt zu Ihrem Baby aufbauen. Ebenso können Sie dem Blick Ihres Kindes folgen und somit seine Signale (sein Interesse oder auch abnehmendes Interesse) beim Buchanschauen gut mitverfolgen.

Legen Sie ein kleines Bilderbuch gegen Ihren eigenen Oberkörper und schauen Sie selber kopfüber auf die Abbildungen. Sie brauchen das Buch nicht ständig festzuhalten und haben so die Hände frei, um während des Erzählens auch zwei oder drei Gebärden zu zeigen.

Projekt Buchstart

Seit Gründung des Projekts *Buchstart* erhält jedes Baby in Hamburg von seinem Kinderarzt oder seiner Kinderärztin zur U6-Untersuchung (10. – 12. Lebensmonat) eine Buchstart-Tasche mit mehreren Bilderbüchern geschenkt, die mit wertvollen Tipps für die Eltern angereichert ist. Die bekannte Kinderbuchautorin Kirsten Boie ist im Beirat der Aktion tätig: »Mit Büchern geben wir unseren Kindern einen besseren Start ins Leben. Schon mit einer halben Stunde Bücherzeit am Tag lernen Bücherbabys ganz nebenbei ziemlich viel. Sie können früher und mit mehr Vergnügen sprechen und behalten ihren Sprachvorsprung ein Leben lang. Sie lernen auch immer besser, sich auf eine Sache zu konzentrieren – eine andere wichtige Fähigkeit für den späteren Erfolg nicht nur in der Schule. Natürlich sitzen sie zu Anfang nicht einfach nur da und hören sich die ganze Geschichte still an. Babys wollen auf die Bilder zeigen und hören, wie ihr Vorleser ihnen erzählt, wie das heißt: »Ja, genau, das ist eine Katze! Wie macht die Katze denn?« Sie wollen mitmachen und mitbestimmen: welche Seite angeguckt wird und wie oft. Babys zeigen ihren Erwachsenen, woran sie Spaß haben. Beim Bücherbegucken wie bei allem anderen muss man sie beobachten, um zu merken, was sie brauchen.« Mehr Informationen unter *www.buchstart-hamburg.de*

■ Sich gegenüberliegend anschauen

Betrachtet Ihr Baby auf dem Bauch liegend ein Buch, so legen Sie sich einfach gegenüber dazu. Schaut Ihr Baby zu Ihnen herüber, zeigen Sie eine Gebärde, passend zu den Bildern, die sich Ihr Kind anschaut.

■ Sich gegenübersitzend anschauen

Damit Sie Ihre Hände frei haben, um Gebärden zeigen zu können, setzen Sie sich mit Ihrem Kind auf dem Fußboden gegenüber. Bitte beachten Sie, dass Ihr Kind bereits selbst in die Sitzposition kommen kann. Das Buch legen Sie in Ihren Schoß oder Sie halten es mit einer Hand fest. Ihr Kind kann so in das Buch schauen und mit leichtem Blick nach oben auf Ihre Hände und in Ihr Gesicht sehen und die Gebärden »mitnehmen«. Ihr Kind kann ohne große Mühe das Buch und gleichzeitig auch Ihre Hände wahrnehmen.

■ Auf dem Schoß sitzen

Haben Sie keinen direkten Blickkontakt, so können Sie im Blickfeld des Kindes gebärden. Beispiele: Ihr Kind sitzt bei Ihnen auf dem Schoß, und Sie klopfen für HUND auf den Oberschenkel Ihres Kindes. Die HASEN-Ohren zeigen Sie direkt im Buch und gebärden auf dem Bild. Die Hörner einer KUH gebärden Sie ebenfalls direkt am Bild und im Anschluss noch an der Stirn des Kindes. Auf diese Weise können Sie in unterschiedlichen Varianten Gebärden zeigen.

8 Gebärden für kleine Kinder

Gebärden können auch im Alltag mit bereits sprechendem Kleinkind eine große Bereicherung sein, da sie den Inhalt von Worten auf einer visuellen, anderen Ebene darstellen. Das Gesprochene wird dadurch noch verständlicher.

Gefühle

Benennen Sie die Gefühle Ihres Kindes, Ihre eigenen oder die von anderen Kindern: »Hast du ANGST?«, »Ich LIEBE dich!«, »Lotta ist TRAURIG«, »Ich sehe deine WUT«. Auf diese Weise lernt das Kind zunächst seine eigenen Gefühle überhaupt erst einmal wahrzunehmen und später dann in Worte zu fassen. Vielleicht hilft dem Kind beim Verstehen und Ausdrücken von Gefühlen zunächst eine Gebärde? Probieren Sie es aus!

ANGST

Klopfe mit deiner geschlossenen Faust auf die Mitte deines Brustkorbs, sinnbildlich wie ein ängstlich klopfendes Herz. Dein Gesichtsausdruck ändert sich je nach Bedarf. Die Illustration zeigt: Ich habe ANGST. Als Frage formuliert würdest du deine Augenbrauen hochziehen (»Hast du ANGST?«).

LIEBEN

Beide flach gestreckten Hände schmiegen sich an den leicht schwingenden Oberkörper. Der weiche Gesichtsausdruck zeigt das Gefühl der Liebe. Die Hände müssen nicht zwingend überkreuzt sein, sondern dürfen auch aufeinanderliegen (über dem Herzen).

TRAURIG

Die geschlossene Faust kreist zweimal auf dem Brustkorb.

WÜTEND

Beide geschlossenen Fäuste werden mit Kraft in die eigenen Seiten gestemmt. Achtung: Keinen Angriff darstellen, das könnte falsch wirken. Gemeint ist: die Wut des Kindes benennen, damit es seine Gefühle kennenlernt.

Farben

Ob in unserer Kleidung, in der Natur, auf Fotos oder in Bilderbüchern – Farben gibt es überall zu entdecken. Starten Sie im Straßenverkehr an der roten Ampel: »Die Ampel ist ROT. Das bedeutet STOPP!«, in der Natur: »Schau mal, die GELBE Blume« oder beim Anziehen: »Heute ziehst du das GRÜNE T-Shirt an, guck mal, hier ist es.«

ROT

Der Zeigefinger streicht zweimal von der Lippe weg am Kinn nach unten.

BLAU

Zeige- und Mittelfinger werden vor dem Körper in leichter Schlangenlinie von oben nach unten geführt.

GELB

Der kleine Finger und der Daumen sind abgespreizt. Die Hand wird hin- und hergedreht.

GRÜN

Alle Finger bewegen sich leicht. Der Daumen ist ruhig. Der Unterarm bewegt sich leicht und mehrfach hin und her zu beiden Seiten.

ORANGE

Beide Hände zeigen die Form einer Orange und drehen leicht hin und her. Auch einhändig ausführbar.

SCHWARZ

Eine flache, offene Hand bewegt sich vor dem Kopf nach unten.

WEISS

Ein gestreckter Zeigefinger bewegt sich entlang des Mundes (»weiße Zähne«) von einer zur anderen Seite. Dabei beginnst du überkreuz und die Bewegung endet wie in der Illustration. Die Bewegung des Fingers erfolgt aus dem Handgelenk.

Gebärden und Kinderlieder

Bewegungen beim Singen zu zeigen, ist bekannt und beliebt bei Eltern und in der Kindertagespflege. Ich möchte gerne Lieder vorstellen, die sich besonders gut mit Gebärden aus der Deutschen Gebärdensprache kombinieren lassen, und veröffentliche dazu kleine Videoclips auf unserem YouTube-Kanal, die Sie sich gern anschauen, nachsingen und nachgebärden können. Hier finden Sie alle Videos: www.youtube.com, Suchbegriff: babysignal
Als Beispiel nachfolgend die Lieder »Müde Maus« und »Unser Schiff ist klein« des Kinderliedermachers Robert Metcalf:

Müde Maus

Text & Musik: Robert Metcalf

Unser Schiff ist klein

Text & Musik: Robert Metcalf

Die Melodie des Intros kann man auch am Schluss spielen.

Gebärden für erste kleine Aufgaben

Ganz gleich, ob es etwas zu SUCHEN, zu HOLEN, zu HELFEN oder AUFZURÄUMEN gibt: Die jeweilige Gebärde betont das Wesentliche Ihrer Aussage und dem Kind wird dadurch klarer, was Sie von ihm wollen. Erinnern Sie sich daran, dass es nicht darum geht, eine immer größer werdende Anzahl von Gebärden in einem Satz zu zeigen, sondern darum, das Wichtigste im Satz mit einer einzelnen Gebärde zu betonen. Beispiele:
Zu Hause oder in der Kita beim Anziehen: »HOL bitte deine Schuhe.«
Beim Betrachten eines Buches: »SUCH mal die Maus. SUCH sie mal.«
Beim Aufräumen: »Schau mal, jetzt müssen wir AUFRÄUMEN« oder »Kannst du mir bitte HELFEN?«
Beim Alleine-Anziehen: »Kann ich dir HELFEN?«

HOLEN

Die offene Hand schließt sich, während du den gestreckten Arm zu deinem Körper zurückführst.

SUCHEN

Zeige- und Mittelfinger bewegen sich leicht gekrümmt vor dem Gesicht in Kreisen. Die Bewegung erinnert an suchende Augen.

HELFEN

Beide Daumen werden von den Fäusten abgespreizt und beide Handgelenke drehen sich. Je nachdem, in welche Richtung du die Hand drehst, verändert sich die Bedeutung: »Ich HELFE DIR« = die Daumen führen in die Richtung des Kindes. »Bitte HILF MIR« = die Daumen führen zu dir selbst.

AUFRÄUMEN

Beide ausgestreckten Arme werden langsam vor die Körpermitte bewegt. Die Hände bewegen sich dabei und »schieben« alles zusammen, was »aufgeräumt« werden soll.

Sie erhoffen sich, dass die Gebärde AUFRÄUMEN Ihr Kind zu einem ordentlichen Menschen macht? Lassen Sie es mich wissen, wenn es geklappt hat – das wäre phänomenal. Bislang habe ich allerdings schon häufig erzählt bekommen, dass Kinder geradezu begeistert die Gebärde zeigen, wenn das Aufräumen ansteht – immerhin, oder?

Mit einem Augenzwinkern möchte ich mich bei Ihnen, liebe Leserinnen und Leser, verabschieden. Ich hoffe sehr, dass Sie beim Lesen meines Buches gemerkt haben, dass ich nur den Anfang der Geschichte von »Gebärden mit Babys und Kleinkindern« geschrieben habe und Sie und Ihr Kind (oder Ihre Kindergruppe) eigene individuelle Erfahrungen mit Gebärden erleben werden. Erzählen Sie mir gern Ihre eigene Geschichte! Sie finden mich jederzeit in den diversen Kanälen der sozialen Medien oder senden Sie mir eine E-Mail (gericke@babysignal.de).

9 *Mehr über* babySignal

babySignal – *Der Babykurs*

In kleinen Kursgruppen machen wir Eltern und ihre Kinder (6 – 24 Monate) spielerisch und mit viel Musik mit den wichtigsten Gebärden vertraut und zeigen, wie diese am einfachsten in den Alltag integriert werden können. Seit 2008 bilde ich bundesweit Kursleiter/innen nach meinem Kurskonzept aus, sodass es über die Grenzen Hamburgs hinweg immer mehr *babySignal*-Kursangebote gibt.

Ein Eltern-Kind Kurs wird wöchentlich für je 45 Minuten angeboten. Es erwarten Sie jede Woche viele neue Gebärden, Spaß, Gesang und Aktivitäten in der Gruppe.

Aus verschiedenen Gründen kann es sinnvoll sein, in Ergänzung zu diesem Buch auch einen *babySignal*-Kurs zu besuchen. Die Erfahrung hat gezeigt, dass der Spaß am Erlernen der Gebärden und deren kontinuierliche Wiederholung besonders wichtig sind. Diese beiden Voraussetzungen fallen den meisten Eltern und Kindern in der Gruppe leichter. Denn die Eltern erhalten in den Kursstunden konkrete Vorschläge für Spiele und Lieder mit Gebärden und erfahren, wie sie die Zeichen in den alltäglichen Tagesablauf (beispielsweise beim Sprechen, Singen, Spielen) einbauen können. Oft fällt es den Eltern leichter, »dranzubleiben« und die Zeichen öfter zu wiederholen, wenn sie sich im Kurs mit anderen Eltern austauschen und sehen, wie deren Babys bereits Gebärden zeigen. Vielen Eltern hilft dies auch dabei, besser zu verstehen, wie die Kleinen die Gebärden für sich nutzen und wie die Zeichen bei den Kindern aussehen können.
Das Kurskonzept sieht vor, dass die Eltern in jeder der wöchentlichen Kursstunden neue Gebärden lernen und die Kursleitung neue Möglichkeiten für die Umsetzung zu Hause mit auf den Weg gibt. Die Kleinen sind nach dem Kurs oftmals noch motivierter, ihre Hände zu bewegen. Da kann es dann sogar vorkommen, dass ein Kind eine Gebärde zeigt, die Mama oder Papa gar nicht zu Hause benutzt haben.

babySignal – *Der Online-Elternkurs*

Unsere Online-Kurse richten sich an Eltern mit Kindern im Alter von 3 bis 26 Monaten. Wir bieten Kurse in drei verschiedenen Level an, sodass ein Einstieg mit und ohne Vorkenntnisse möglich ist. Eine Online-Kursleiterin führt die Kleingruppe durch die Themen, zeigt Gebärden und gibt Spielideen.

babySignal – *Die Ausbildung zur Kursleitung*

Alle lizenzierten *babySignal*-Kursleiter/innen verfügen über eine pädagogische Grundausbildung und kennen sich mit der Sprachentwicklung von Kindern aus. Dies macht sie – auch über die Gebärden hinaus – zu kompetenten Ansprechpartnern für die Eltern. Die Kursleiter/innen können den Familien daher sowohl bei der Auswahl der dem Alter und den Fähigkeiten des Kindes entsprechenden Gebärden als auch bei ganz klassischen Erziehungsthemen wie dem »Grenzensetzen« wertvolle pädagogische Unterstützung bieten.
Zu den Voraussetzungen für den Erwerb der Kursleiterlizenz lesen Sie bitte alle ausführlichen Informationen auf der Internetseite *www.babysignal.de.*

babySignal – *Tagesseminare für pädagogische Fachkräfte*

In unseren beiden aufeinander aufbauenden Tagesseminaren werden pädagogische Fachkräfte mit dem Konzept »*babySignal* – mit den Händen sprechen« vertraut gemacht. Es werden Situationen aus dem Krippen- oder Kitaalltag angeschaut, in denen Gebärden sinnvoll eingesetzt werden können. Teilnehmende erlernen an einem Seminartag 40 bis 60 Gebärden, die in den Tagesablauf mit allen Kindern aufgenommen werden können. Besonders reizvoll ist *babySignal* für Fachkräfte aus dem Krippenbereich. Der Umfang von Inhouse-Schulungen wird individuell mit den einzelnen Institutionen vereinbart.

Aktuelle Informationen finden Sie hier:
www.babysignal.de

babySignal – *Krippenkurse*

In Krippenkursen kommt die Kursleiterin direkt in die Einrichtung. Die Erzieher/innen lernen mit den Babys und Kleinkindern der Gruppe gemeinsam auf spielerische Art und Weise etwas Neues. Dieses Angebot ist für alle Kinder zwischen 6 Monaten und 3 Jahren geeignet.

- Mehrsprachigkeit – Die Gebärden bieten einen leichteren Einstieg in die Kommunikation mit Kindern verschiedener Herkunftssprachen.
- Stichwort Inklusion – Die gelernten Gebärden können mit allen Kindern verwendet werden. Kinder mit Entwicklungsverzögerungen, Hörbehinderung oder Trisomie 21 werden durch das Konzept mit eingeschlossen.
- *babySignal*® *babySignal* ist eine geschützte Marke, die beim Deutschen Patent- und Markenamt eingetragen wurde.

Dank

Mein besonderer Dank gilt Anke sowie Anne, Dörte, Otfried und allen Nachbarn, die mir Platz zum Schreiben gaben.

Dieses Buch ist entstanden mit Unterstützung von Katharina und Miki sowie Claudia, Delia, Henrike, Johanna, Martina, Mirjana, Nicola, Patricia, Sanne, Steph, Ursula, Simon, Rosi und Elaine.

Von eigenen Erfahrungen berichteten mir Andrea mit Kiran, Anja mit Line, Anke mit Clara, Anne mit Lea, Anne mit Mirja, Birgit mit Rike, Britta mit Jasper, Caro mit Holly, Caro mit Luis, Carola mit Jana, Fides mit Lenni, Florian mit Tom, Franziska mit Felix, Iris mit Greta, Jan mit Johann, Jasmine mit Tjaya, Jessica mit Jannes, Katharina mit Sven, Katja mit Nico, Katrin mit Amelie, Katrin mit Emma, Katrin mit Paul, Kristof mit Frida, Maike mit Madita, Maike mit Nele, Maja mit Erik, Mark mit Tinka, Michael mit Mara, Michaela mit Antonia, Michaela mit Bela, Monique mit Thore, Nadja mit Jascha, Silke mit Anton, Silke mit Emily, Solveig mit Frederic, Solveig mit Jannes, Steffi mit Lorenz und viele andere mehr.

Für die Zeichnungen mit Kindern habe ich Jan, Leonie, Luis und Anton mit ihren Eltern begleitet und mich dabei für viele Alltagssituationen inspirieren lassen.

Fotos machen durften wir mit großer Freude von Anton, Clara, Erik, Gustav, Marla, Theo, Torge, Vincent, Vitus und Ida (auf dem Cover dieses Buches mit der Gebärde BRÖTCHEN) – siehe auch Fotohinweise Seite 143.

Literatur

Acredolo, L./Goodwyn, S.: *Baby-Sprache. Wie Sie sich mit Ihrem Kleinkind unterhalten können, bevor es sprechen lernt.* Reinbek: Rowohlt 1999

Anthony, M./Lindert, R./Anderson, D.: *Signs and Interaction Strategies to Enhance Communication in Hearing Children.* Paper presented at the annual meeting of the American Psychological Association. Washington, DC, 2005

Butz, B./Mohos, A.-K.: *Otto geht spazieren.* Pappbilderbuch. Ziethen: Verlag Kindergebärden 2016

Butz, B./Mohos, A.-K.: *Otto kauft ein.* Pappbilderbuch. Ziethen: Verlag Kindergebärden 2019

Butz, B./Mohos, A.-K.: *Otto spielt.* Pappbilderbuch. Ziethen: Verlag Kindergebärden 2015

Doherty-Sneddon, G.: *Was will das Kind mir sagen? Die Körpersprache des Kindes verstehen lernen.* Bern: Huber 2005

Garcia, J.: *Sign with your Baby. How to communicate with infants before they can speak.* Northlight Communications 2002

Gericke, W.: »In Kommunikation mit Babys und Kleinkindern am Beispiel von Gebärden«, in: *KiTa Fachtexte* 2015 (kostenloser Download: www.kita-fachtexte.de)

Möller, D./Spreen-Rauscher, M.: *Frühe Sprachintervention mit Eltern. Schritte in den Dialog.* Stuttgart: Thieme 2009

Molcho, S.: *Körpersprache der Kinder.* München: Mosaik 1992

Neuß, N. (Hrsg.): *Grundwissen Krippenpädagogik. Ein Lehr- und Arbeitsbuch.* Berlin: Cornelsen, 5., überarb. Aufl. 2014

Pauli, S./Kisch, A.: *Geschickte Hände. Handgeschicklichkeit bei Kindern. Spielerische Förderung von 4–10 Jahren.* Dortmund: modernes lernen 2016

Szagun, G.: *Das Wunder des Spracherwerbs. So lernt Ihr Kind sprechen.* Weinheim: Beltz 2007

Adressen

Gebärden mit Babys

- **www.babysignal.de**
  - alle bundesweiten *babySignal*-Kursdaten für Eltern-Kind-Kurse
  - *babySignal*-Seminare für pädagogische Fachkräfte
  - Ausbildungsgruppen für angehende *babySignal*-Kursleiterinnen

YouTube-Kanal babySignal

- **www.youtube.com/user/babySignal (Stichwort: babySignal – Gebärden mit Babys)**
  - zahlreiche Videos von Kindern, die gebärden
  - Videoclips mit Kinderliedermacher Robert Metcalf und Wiebke Gericke
  - neue Gebärden in Videoclips

Gebärdensprache und Gehörlosigkeit

- **Universität Hamburg**

Institut für Deutsche Gebärdensprache
Gorch-Fock-Wall 7
20354 Hamburg
www.sign-lang.uni-hamburg.de
Mehr Informationen zu den Studiengängen Gebärdensprachen (BA) und Gebärdensprachdolmetschen (BA).

- **Deutscher Gehörlosen-Bund e.V.**

Prenzlauer Allee 180
10405 Berlin
www.gehoerlosen-bund.de
Tipp: Ein Ratgeber steht zum Download auf der Internetseite zur Verfügung: »Mein Kind. Ein Ratgeber für Eltern mit einem hörbehinderten Kind«.

■ **www.leben-auf-dem-trapez.de**

Leben auf dem Trapez ist ein bundesweites Netz von Fachleuten, die mit hörenden Kindern und gehörlosen Eltern in den Bereichen Frühförderung, Familienhilfe und Beratung arbeiten.

■ **www.taubenschlag.de**

Zu allem, was mit Hörschädigung, Gehörlosigkeit, Gebärdensprache und Kultur der Gehörlosen zu tun hat, finden Sie hier im Taubenschlag aktuelle Infos; außerdem täglich die neuesten Nachrichten, Hinweise, Termine und Kommentare.

Bücher & Babys

■ **www.buchstart-hamburg.de**

Buchstart ist ein Projekt zur frühkindlichen Förderung, bei dem alle Kinder so früh wie möglich erleben, wie viel Spaß in Büchern steckt. Kostenlose Buchstart-Taschen und Veranstaltungen in den Hamburger Stadtteilen ermuntern Eltern und Erziehende, in ihren Kindern eine dauerhafte Liebe zum Buch zu wecken.

Kinderlieder und Gebärden

Christian Hüser: *Erwin und die kleine Maus. Das Spiel- und Ideenbuch mit Bilderbuch und CD.* Mit 20 Gebärden. Erlangen: Stephen Janetzko
www.christianhueser.de

Robert Metcalf: *Ich bin 1 – das ist meins! Lied und Spiel für die Kleinsten*
Robert Metcalf: *Ich bin 2 und schon dabei. Spiel- und Bewegungslieder für Kinder ab 2 Jahren*
Beide CDs sind erschienen im Verlag Jumbo Neue Medien, Hamburg 2014 bzw. 2010.
www.robert-metcalf.de

Register der Gebärden

Fotohinweise

Anton, 7 Monate, bekommt MILCH zu trinken (S. 27).
Clara, 16 Monate, kommentiert, dass die Musik AUS ist (S. 56).
Clara, 2 ½ Jahre, gebärdet HAUS (S. 72), SCHMETTERLING (S. 106) und HUBSCHRAUBER (S. 133).
Ida, 18 Monate, gebärdet BRÖTCHEN auf dem Coverfoto, KATZE (S. 53) und sitzt neben Clara (S. 72 f.). Sie konzentriert sich auf ihre Hände, um SCHMETTERLING zu gebärden (S. 76).
Wiebke Gericke zeigt ein Buch und gebärdet KUH an der Stirn des Kindes (S. 119).
Gustav, 3 Monate, schaut dem DREHENDEN Finger seiner Mama hinterher und beobachtet ein Mobile (S. 39). In der Hängematte (S. 42) beobachtet Gustav interessiert Mamas Fingerspiel.
Marla, 22 Monate, einigt sich mit ihrer Mutter, dass es nun nach Hause geht (S. 125), und gebärdet SCHIFF (S. 101).
Vincent, 10 Monate, guckt aufmerksam (S. 13) auf die Gebärde.

Über die Autorin

Wiebke Gericke, geb. 1971, ist Diplom-Pädagogin und systemische Beraterin. Sie gehört zu den Ersten, die Kurse und Fortbildungen zum Thema Gebärden mit Babys in Deutschland anbieten. Bereits seit Abschluss der Studiengänge Erziehungswissenschaften und Deutsche Gebärdensprache (1997) arbeitet Wiebke Gericke in der von ihr gegründeten Frühförderstelle *SprachSignal* mit hörenden Kindern (6 Monate – 6 Jahre) gehörloser Eltern. Im Rahmen dieser Tätigkeit machte sie die Erfahrung, dass Kinder gehörloser Eltern sich ab einem Alter von neun Monaten ihren Eltern über Gebärden differenziert mitteilen können.

Basierend auf dieser faszinierenden Beobachtung gründete Wiebke Gericke im Jahr 2005 *babySignal*. In ihren *babySignal*-Kursen macht sie hörende Eltern und hörende Kinder (6 – 24 Monate) spielerisch mit den grundlegenden Gebärden vertraut. Dabei legt sie großen Wert auf die Berücksichtigung pädagogischer und sprachwissenschaftlicher Aspekte. Aufgrund der großen Nachfrage nach ihren *babySignal*-Kursen in Hamburg bildet sie seit 2008 bundesweit *babySignal*-Kursleiter und -Kursleiterinnen aus. Wiebke Gericke lebt in Hamburg, ist verheiratet und hat eine Tochter.

Kontakt zur Autorin:

gericke@babysignal.de

- www.babysignal.de
- www.sprachsignal.de